职业教育创新创业教育教学资源库配套教材
高等职业教育创新创业系列教材

创业领导力提升与团队组建

主编 同婉婷 范新灿
参编 黄伟贤 谭丽溪

U0361636

机 械 工 业 出 版 社

本书是职业教育创新创业教育教学资源库配套教材。本书打破学科界限，从学习者的角度出发，以培养创业型复合式人才为目标，将个人创业型领导力提升、团队搭建有机衔接。在内容设计上，本书广泛汲取了国内外关于领导力和团队组建的理论，并根据学习者的使用情景进行了筛选和优化。本书内容的侧重点不在于"亡羊补牢"式的后期重建与优化，而是基于草创期"防患于未然"的需求，侧重对个体潜能挖掘和团队组建前的科学谋划。

本书适用对象为准创业者和创业初期的团队。无论是在校大学生，还是社会中的有志创业者，都可以通过本教材的学习与实践，结合书中二维码数字资源的学习提升自己的创业领导力，并为自己组建一个黄金创始人团队。

图书在版编目（CIP）数据

创业领导力提升与团队组建／同婉婷，范新灿主编.
—北京：机械工业出版社，2020.12（2024.9 重印）
高等职业教育创新创业系列教材
ISBN 978－7－111－66785－8

Ⅰ.①创… Ⅱ.①同… ②范… Ⅲ.①大学生-创
业-高等职业教育-教材 Ⅳ.①G717.38

中国版本图书馆 CIP 数据核字（2020）第 198752 号

机械工业出版社（北京市百万庄大街 22 号 邮政编码 100037）
策划编辑：杨晓昱 责任编辑：杨晓昱 徐梦然
责任校对：炊小云 封面设计：马精明
责任印制：张 博
北京建宏印刷有限公司印刷

2024 年 9 月第 1 版·第 5 次印刷
180mm×254mm·14.25 印张·297 千字
标准书号：ISBN 978－7－111－66785－8
定价：49.80 元

电话服务 网络服务
客服电话：010-88361066 机 工 官 网：www.cmpbook.com
　　　　　010-88379833 机 工 官 博：weibo.com/cmp1952
　　　　　010-68326294 金 书 网：www.golden-book.com
封底无防伪标均为盗版 机工教育服务网：www.cmpedu.com

前　言

数字化时代，变革与创新成为个体与组织都必须认真对待的课题。管理者的角色开始从管控到赋能，组织成员的评价从胜任力到创造力，团队成员之间由分工到协同，由协同到共生。未来，当个体与组织的关系由雇佣关系转变为平台合作关系，创业型领导力已不只是领导者需要具备的能力，而团队的组建与管理也成为"互联网＋"时代每个组织节点都需要学习的功课。因此，"创业领导力提升与团队组建"这门课程应运而生，为每个创业型复合式人才的成长助力。

"创业领导力提升与团队组建"这门课程已经过八年的反复锤炼和优化，并已在国家级职业教育创新创业教育教学资源库上线。本书是融纸质教材与在线学习资源于一体的新形态一体化教材。本书内容精练，逻辑清晰，共分为8章。前3章主要围绕创业领导力的提升展开，涵盖了最核心模块，包括发掘并培养个体的卓越性、自我认知和沟通能力的提升等；后5章则主要按照初创团队组建与管理的时间线进行编写，创业者在"组建前""组建中""组建后"所面临的"识人难""用人难""留人难"痛点，都可以在本书中找到答案。本书的编写突出了以下四个鲜明特点：

一、校企共建，内涵扎实

为了将课程内涵做得深入而扎实，经得起实践检验和推敲，经过反复甄选，深圳职业技术学院与广州翔蓝企业咨询有限公司建立了长期战略合作伙伴关系。翔蓝公司将多年的企业咨询经验提炼成了理论（知识版权号《国作登字－2016－L－00282386》），并成功指导和培养了多家民营企业。多年来，深圳职业技术学院与翔蓝公司携手进行课程的深度开发，致力于将这些理论以更加贴切的方式提供给广大学生以及有志创业的年轻人。本书就是深圳职业技术学院与翔蓝公司进行校企合作的重要成果之一，这些理论经过本土化、本地化的加工，为学生开展科学经营、培育创业精神、提升自身素养起到了非常重要的促进作用。

二、理实融合，强化工具

为了解决实际教学过程中理论和实践"两张皮"现象，在课程设计和教材编写过程中，始终突出了工具的使用和实践。本书附录包含两个计划书，分别是《创业型领导力提升计划书》和《团队组建与管理计划书》，计划书内容贴合教学内容展开。学生每完成一章的学习，就可以在计划书中完成相应模块的练习。当课程学习结束，计划书也就自动完成了。本书附录还包含工具箱，帮助老师和学生拓展学习资源，增强课外实践能力。

三、线上线下，翻转课堂

课程从素质教育与创新创业实践能力融合的角度科学建设了包含动画、漫画、微课、视频、课件等优质丰富的数字资源，其中有企业家、初创业者的出镜专访，也有理论讲授、迷你情景剧、街访、工作坊等多种形式，为课程提供了更多的视角和元素，增加了趣味性和互动性。本书特别选取了其中具有启发性、实用性的优质资源做成二维码放在书中。读者只需用手机扫一扫书中二维码，就可直接观看。优质数字资源为教师开展混合式教学，翻转课堂提供了有力支撑。

四、案例原创，贴近学生

本书始终以问题为导向，旨在解决创业者的"痛点"和"难点"。本书中的每个知识点前面都有"案例导入"部分。编者采访并收集了大量学生创业的真实案例，因此案例更贴近真实的创业生态，也更贴近学生创业者的实际生活情境，希望借此引发读者对一些共性问题的思考。

本书由同婉婷、范新灿主编，负责制订编写方案、编纂修改并审校定稿。编写分工为：第1章、第2章、第3章由同婉婷、范新灿共同编写，第4章、第5章由同婉婷、黄伟贤共同编写，第6章、第8章、附录由同婉婷编写，第7章由谭丽溪编写。本书在编写过程中参阅了大量相关资料，在书中无法逐一列出，在此一并表示感谢。

由于编者水平有限，不妥之处在所难免，欢迎广大读者批评指正。

编者

二维码数字资源清单

名称	二维码	名称	二维码
1.1.1 社会变革对人才的需求（教学动画）		3.2.2 聆听工具：3F原则（教学动画）	
1.2.3 共生共长的卓越版图（教学动画）		3.3.2 沟通视窗（教学动画）	
2.1.1 创业型人才定义（教学视频）		4.1.1 何谓事业（《梦想有你更精彩》情景剧）	
2.1.2 创业型人才素质模型的展开 上（教学视频）		4.1.1 何谓事业（大学创业园孵化项目街访）	
2.1.2 创业型人才素质模型的展开 下（教学视频）		4.1.2 顾客特性（《梦想有你更精彩》情景剧）	
2.2.1 RTC测评中的五种性格特质（教学动画）		4.1.2 顾客特性（懒懒送项目专访）	
2.2.2 如何领导不同性格特质成员（教学视频）		4.1.3 业态特性（《梦想有你更精彩》情景剧）	
3.1.2 有声语言沟通中的7 38 55原则（教学动画）		4.1.3 业态特性（懒懒送项目专访）	

（续）

名称	二维码	名称	二维码
4.1.4　商品力特性（《梦想有你更精彩》情景剧）		6.1.1　招募的时机与渠道（《梦想有你更精彩》情景剧）	
4.1.4　商品力特性（懒懒送项目专访）		6.1.2　如何更精准的找到千里马（教学视频）	
4.2.1　生命周期的定义（课程动画）		6.2.1　理念与意识的甄选（《梦想有你更精彩》情景剧）	
5.1.1　初创团队的定义（大学创业园孵化项目街访）		6.2.2　知识和能力甄选（教学视频）	
5.1.2　初创团队不同组建模式（教学视频）		6.3.1　4S吸引法则（教学视频）	
5.2.1　板凳模型（香蕉宿项目专访）		6.3.2　长期激励法（《梦想有你更精彩》情景剧）	
5.2.2　劳动欲望（教学视频）		6.3.3　短期激励法（教学视频）	
5.3.1　团队内部的职责分工（《梦想有你更精彩》情景剧）		7.1.1　初创企业基本法律概念（课程动画）	
5.3.1　团队内部的职责分工（视闻泓运项目专访）		7.1.2　初创企业避免法律纠纷的建议（教学视频）	

（续）

名称	二维码	名称	二维码
7.2.1 公司法关于股权的规定（课程动画）		8.2.1 共通价值观（教学视频）	
7.2.2 初创企业的股权分配建议（《梦想有你更精彩》情景剧）		8.2.2 共通的思维方式（《梦想有你更精彩》情景剧）	
7.2.2 初创企业的股权分配建议（视闻泓运项目专访）		8.2.3 共通的行动方式（教学视频）	
8.1.1 企业文化是企业的核心竞争力（专家访谈）		8.3.1 经营理念的认可（教学视频）	
8.1.1 企业文化是企业的核心竞争力（《梦想有你更精彩》情景剧）		8.3.2 确定思维方式（《梦想有你更精彩》情景剧）	
8.1.2 企业文化的五个发展阶段（大学生初创业项目访谈）		8.3.3 行为习惯的养成（教学视频）	

目 录

第 1 章　构建创业型领导力

案例分析 ｜知识探究 ｜讨论与思考 ｜延伸阅读

我们应该具有战略性思维，并以人工智能无法取代的工作为目标。我们应该致力于终身学习，更新我们的技能，了解新趋势，并寻找新机遇。

——李开复

本章导读

　　本章将带领同学们从创业者所处的大环境，回到创业者本身，构建属于自己的创业型领导力。创业型领导力是面向未来的能力，培养积极主动的心智模式，训练聚焦目标的行动方式，将为自己的创业之旅提供强大内在支撑；而整合所有资源，搭建共生共长的卓越版图，则为自己的创业之旅提供强大的外部助力。

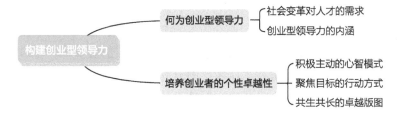

能力目标

- 能充分认知自身的卓越性，掌握培养卓越性模板，提升自我价值感。
- 能够训练和培养出自己积极主动的心智模式，扩大自己的影响圈。
- 能够在工作和生活中运用聚焦目标的行动方式，提升行动力。
- 能够描绘属于自己的卓越版图，提升资源整合能力。

1.1　何为创业型领导力

1.1.1　社会变革对人才的需求

 案例分析

目前，人工智能成为科技新风口，据统计，2017 年全球仅传统的翻译产业规模就将达到 445 亿美元，2020 年有望突破 500 亿美元。通过人工智能加持，翻译市场将有可能迎来千亿级更大规模的爆发机遇。据《2017—2021 年中国消费电子产品专题研究及未来市场容量评估报告》分析，科大讯飞翻译机 2.0 自 2018 年 4 月份发布，销售量便居高不下，目前已经突破 20 万台，覆盖 137 个地区，服务次数超过2000 万。

这些消息对于英语专业的小李来说有点让人心烦。她以前的理想是做一名同声传译，但是随着技术的进步，很多翻译工作已经逐渐被机器所替代。对于未来能够找到什么样的工作，她很迷茫。

课堂提问

1. 你是如何看待人工智能替代人类工作的？
2. 如果你是小李，你会如何应对这个问题？你打算如何应对未来的挑战？

案例启示

人类历史上每一次技术的飞跃，都会有一些职业消亡，如马车夫、点灯人等。但与之对应，也会产生一些新的职业，为社会提供更有价值的服务和产品。翻译是一个职业，但是当传统的翻译工作被技术所替代的时候，只有提供给工作更多的附加价值，更具有创新性的内涵，才能让自己从容应对技术的挑战。

知识探究

2017 年国务院印发《新一代人工智能发展规划》，规划提出"到 2020 年，人工智能产业竞争力要进入国际第一方阵。人工智能核心产业规模超过 1500 亿元，带动相关产业规模超过 1 万亿元。到 2025 年，人工智能产业进入全球价值链高端。人工智能核心产业规模超过 4000 亿元，带动相关产业规模超过 5 万亿元。开辟专门渠道，实行特殊政策，实现人工智能高端人才精准引进。在中小学阶段设置人工智能相关课程。"

不难预见，未来人工智能将有着跨越式发展，对人们的工作和生活产生巨大影响。当人工智能研究者们运用"深度学习"技术研究围棋软件，让阿尔法狗在 2017 年以总比分 3:0 战胜世界围棋排名第一的柯洁时，人们已经被人工智能超强的运算能力所震撼。现今人工智能已然不是一个陌生技术词汇，"无人超市""无人书店"频频出现；工厂流水线上无数的机械手在运作，偌大的车间看不到工人；走进酒店大堂，有智能机器人向你问好；走进家里，扫地机器人在清洁地面……面向未来，所谓的人才应该具备怎样的能力，才不会被机器所替代呢？

与之相对应的，越来越多的政府部门和富有社会责任感的企业，正在投入大量资源鼓励更多的人成为创新创业者。阿里巴巴创业者联合汇丰举行 JUMPSTARTER 环球创业比赛，让年轻企业家发挥创意与想象，为他们提供庞大的发展空间。借由中国香港地区及亚洲战略定位，连接阿里巴巴生态圈，为来自世界各地的初创企业提供跳板，帮助他们获取成功关键的人才、机会及资金。腾讯则推出了双百计划，依托微信、QQ、应用宝、腾讯云等腾讯系资源，以流量注入和重点业务合作的方式，扶持创业团队。截至 2017 年底，"双百计划"已孵化 100 家创业公司，诞生了 4 家行业独角兽、5 家上市公司、15 家估值过 10 亿的项目，总估值超过 600 亿元。

从政府到企业都在积极鼓励这些创新创业者，未来具有很多的不确定性，但这些人具备应对未来不确定性的能力。我们一起来看看未来对于人才的需求是怎样的：

从对质量劳动的重视到对创造劳动的重视。当流水线上的计件工作被机械手替代，当简单的重复性劳动被越来越多的机器人替代，质量劳动已经无法成为人才的优势。人工智能的一个最大优势是深度学习，即能对既有知识迅速学习和掌握，但很难进行创造性的学习。这就要求未来的人才需要有创造性和领导性。

从先有轨迹再前进转化为在"不确定"中前进。唯一不变的是变化，科技的进步带来社会经济的巨大变化，越来越多的创新应用让越来越多的行业和企业感受到市场的瞬息万变。方便面企业不会想到打败他们的不是更美味的方便面，而是外卖。电信运营商没有想到冲击他们的不是另一个运营商，而是微信。与之相对应的，未来需要的是能够有好的学习能力、自我领导能力的人才。

从对第一第二产业的重视，到对第三产业的重视。越来越多的企业将用户体验视为产品和服务研发的重中之重。未来的人才需要更好的共情能力，具备很好的右脑思维能力。

总之，未来不再是一个仅仅依靠信息搜集和信息处理能力制胜的时代，未来人才的竞争将体现在是否有很好的创新能力，是否有敏锐的洞察力，是否能够整合资源，是否能够在探求意义感的层面去感染和带领更多的人。

对于在这个时代的个体而言，我们未必会创办一家实体企业，但我们时刻面对未知，随时迎接挑战，我们注定要在职业路上，开创属于自己的事业，就如同一场悄然而至的"创业"。只有让自己发生一场"能力革命",才能尽情拥抱未知的未来。

讨论与思考

请填写好之后进行小组讨论,并将讨论结果和全班分享:

1. 根据你所学习的专业,未来主要会从事什么样的职业?这些职业被替代的可能性大吗?

2. 你打算提升自己哪方面的能力,让自己可以更好地适应未来?

延伸阅读

基于当前技术的发展程度与合理推测,在 15 年内,人工智能和自动化将具备取代 40% ~50% 岗位的技术能力。主要集中在以下工作和任务场景:

重复性劳动,特别是在相同或非常相似的地方完成的工作(如洗碗、装配线检查、缝纫);

有固定台本和对白内容的各种互动(如客户服务、电话营销);

相对简单的数据分类,或思考不到 1 分钟就可以完成识别的工作(如文件归档、作业打分、名片筛选);

在某公司一个非常狭小的领域工作(如银行理财产品的电话推销员、某部门的会计);

不需与人进行大量面对面交流的工作(如分拣、装配、数据输入)。

为了确保我们的职业生涯不会因人工智能的替代而中断,我们需要了解"在可见的未来里,人工智能做不到什么"?这些将是人工智能难以取代(至少在当前阶段)的工作类型。主要有以下几个方面:

1)创意性工作(如医学研究员、人工智能科学家、获奖剧本作家、公关专家、企业家)。人工智能不擅长提出新概念。

2)复杂性/战略性工作(如首席执行官、谈判专家、并购专家),即需要了解多个领域并需要进行战略决策的工作。对于人工智能来说,即使是理解常识,也很困难。

3)灵敏性工作(如口腔外科医生、飞机机械师、脊椎按摩师)。实际上机器人和机械学的进展比人工智能软件慢。机器人仍然非常笨拙,看看机器人拿铅笔的样子,你就明白了。

4）需适应全新、未知的各类环境的工作（如地质调查、集会后的清洁工作）。机器人在特定环境（如装配线）中运行良好，但不易适应新环境（如每天在不同的房间里工作）。

5）同理心／人性化工作（如社工、特殊教师、婚姻顾问）。人工智能没有人类的情商。人们也不愿"信任"机器，让机器来处理人性化任务。

资料来源：《AI·未来》，作者李开复。

1.1.2 创业型领导力的内涵

 案例分析

一个来自美国某小镇的男孩发现，很多人觉得从家门口到邮箱拿报纸是件麻烦事，特别是天气寒冷时，穿戴整齐出门拿报纸很不方便。于是他自觉担任起了这个职责，他去每家每户谈，帮助他们将报纸送到每家门口。很快整个社区都普及了。他一个人忙不过来，有些小孩子也想加入，于是他组成了一个团队。在整个团队开始运作这个事情之后，他又去做其他的事情了。

课堂提问

在这个小男孩身上，你看到怎样的领导者品质？

案例启示

关于从家门口到邮箱拿报纸这件麻烦事，很多人知道，但未曾想过如何去解决。小男孩挨家挨户地去解释自己的想法和做法，让人们接受了这个"付费服务"，他还大方地分享了自己的"商业模式"，成了社区孩子们中的领袖，也获得了居民的认可。这样的领导能力让人钦佩。

知识探究

在这个"大众创业"的时代，涌现出了很多非常具有领导能力的优秀企业家，他们的一些故事和"名言"至今为人们所津津乐道。

"你究竟是想一辈子卖糖水，还是希望获得改变世界的机会？"

当年名不见经传的苹果公司掌门人乔布斯希望挖走百事可乐高管约翰·斯卡利（John Sculley），因此对斯卡利说出了这番话。就是这句话改变了斯卡利的想法，加盟了苹果。

"我若贪生怕死，何来让你们去英勇奋斗？"

这句话来自任正非《在泰国与地区部负责人、在尼泊尔与员工座谈的讲话》。

1944 年出生的华为公司创始人任正非已经是七旬老人，但这位中国商界的传奇人物至今依然活跃在业务一线，他承诺，只要他还飞得动，就会到艰苦地区看望员工。而任正非的员工也和他一样艰苦奋斗、务实努力。

"只有敢抓自己错误的人才能成为伟大的人；只有敢于揭自己伤疤的企业，才有可能成为伟大的企业。"

这句话来自董明珠。她的经历很传奇，从业务员开始，凭借不服输的劲头，一直做到格力电器董事长的位置，被外界称为"铁娘子"。在她带领下的格力已成为世界 500 强，是中国制造业的一面旗帜。

每个优秀的领导者都有自己的领导风格，乔布斯、任正非、董明珠的领导风格大相径庭，但都能带领一支优秀的团队去实现目标。这背后的本质东西是一样的：他们能够发现机会、整合资源、凝聚人心。我们将这种能够建立一个远大的愿景，凝聚所有的团队成员，唤醒和激发团队的创造力和活力的能力称为创业型领导力。

创业型领导力的构成既包括了"冰山上的能力"，如自我认知、有效沟通、高效执行，也包括了"冰山下的能力"，如发掘自身的卓越性，培养积极主动的领导者心态。当从根本上转化思维，转变心态，并在能力上加以培养，就可以在实践中慢慢建立起自己的创业型领导力。

培养创业型领导力是为了应对未来之变，这是领导力能力革命的出发点，是因。而"冰山下的能力"是培养创业型领导力的重要基础，只有当"土壤"的根基发生了转变，才能培育出更好的果实，是道。而沟通管理等"冰山上的能力"是具体的技术和方法，能够在相对短的时间内帮助增加个人影响力和魅力，是术（创业型领导力的构成见图 1−1）。

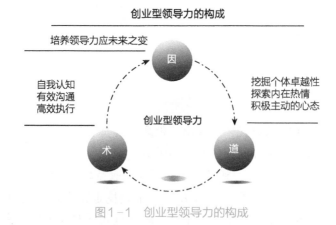

图 1−1　创业型领导力的构成

美国前国务卿基辛格说："领导就是要让他的人们，从他们现在的地方，带领他们去还没有去过的地方。"领导力并不遥远，它并不是领导才应该具备的能力，创业型领导力也不是仅仅公司 CEO 才需要的能力，而是每一个现代人都应该具备的能力，是我们开创人生事业版图所需要的方式方法体系。

 |讨论与思考|

请填写好之后进行小组讨论，并将讨论结果和全班分享：

1. 请列出你最钦佩的领导者，写出他最打动你的三个特质。

2. 小组内部分享，小组对这些特质进行分类和归纳，总结出让大家钦佩的领导者特质都有哪些。

 |延伸阅读|

表 1-1 管理与领导的对比

	管理	领导
树立目标	规划与预算——确定详细的达到期望结果的步骤与时间表，然后分配必要的资源，以达到结果	树立方向——建立未来远景，往往是较远的将来，制订变革策略，以实现远景
建立人际网络以实现目标	组织与人员配置——建立实现计划需要的组织框架，为相应的组织框架进行人员配置，分配执行计划的职责与权力，提供政策与程序，以帮助指导员工，建立调整执行过程的方法与系统	将员工凝聚起来——通过语言或行动告诉员工公司的发展方向，让所有员工能形成必要的合作，以组建起能够理解并能认同公司远景与战略的团队
执行	控制与解决问题——根据计划，从细节上控制结果，识别结果与计划的背离，制订计划并建立组织，以解决这些问题	激励与鼓舞——鼓励员工战胜主要的资源的障碍，满足非常基本但往往难以实现的人的需求的变化
结果	产生一定程度的可预见性与规则，可能实现与各种股东期望相一致的结果	产生变化，往往会是巨大的变化，有可能产生极为有益的变化

资料来源：《创业学》，作者杰弗里·蒂蒙斯，小斯蒂芬·斯皮内利。

📝 **本节小结**

为了应对未来之变，在模糊和不确定性中前行，适应新时代对人才的需求，我们必须让自己发生一场"能力革命"。创业型领导力是能够建立一个远大的愿景、凝聚所有的团队成员、唤醒和激发团队的创造力和活力的能力，是我们开创人生事业版图所需要的方法和体系。

1.2　培养创业者的个体卓越性

我们常在一些企业家或者伟大人物身上发现优秀的特质，但实际上，每个人都有自己的闪光点，而这些闪光点就是他的卓越性。也许你不用专门学习就有很好的节奏感，可以很快学会一首歌。也许你特别擅长讲故事，总能绘声绘色地向别人描述一件事情，并能以此来感动人和激励人……卓越性就指一个人身上本已具备的，超出常人的特质，促使他能够达成自己的目标。

如果你尚不清楚自己的卓越性是什么，以下有两种方式可以帮助你：

1）"明星街访"。向自己的同学、朋友、家人询问，在他们眼中你的卓越性是什么。经过这一轮访谈，也许你会发现一些所有人都知道，但是你自己却不知道的卓越性，即那些让你闪闪发光的特质与能力。

2）"抱怨中的金子"。在一张纸上写下你曾经抱怨他人最多的话语（1~3句）。然后思考为什么你会经常这样抱怨他人呢？其实很多时候这恰恰说明你在这方面有着超出常人的标准和能力。例如，你常抱怨舍友不讲究卫生，那恰恰说明你是一个非常整洁的人；你抱怨他人做事拖延，其实说明你行动力很强。将"抱怨中的金子"提炼出来，形成你的卓越性。

每个人都有自己的卓越性。发挥并培养自己的卓越性，能够帮助我们更好地领导自己，更加自信。一个卓越的个体，能够影响和带动团队中的人，成为团队中的"自燃体"。那么如何可以最大程度地发挥个体卓越性呢？

很多时候，我们是根据自己期待的结果而采取行动，却忽略了自己到底为什么要这么做，我对待这个事情到底是怎么看的。例如，某同学给自己定了本学期目标是考英语六级，强逼自己每天阅读刷题，结果拖延症一再爆发，每天复习得非常辛苦。而实际上，首先需要改变的应该是自己的心智模式，为何要考英语六级，当自己明晰了动机，调整好心态，才能采取有效的行动。培养卓越性模板如图1-2所示。

首先，要从改变我们的心智模式开始，这是原动力。从这里开启我们的卓越性培养历程。

图1-2 培养卓越性模板

1.2.1 积极主动的心智模式

一个发表在美国海军学院杂志《过程》中的真实故事：

两艘演习战舰在阴沉的天气中航行了数日，我就在打头的那艘战舰上当班，当时天色已晚，我站在舰桥上瞭望，浓重的雾气使得能见度极低，因此舰长也留在舰桥上压阵。

入夜后不久，舰桥一侧的瞭望员忽然报告："右舷位置有灯光。"

船长问他光线的移动方向，他回答："正逼近我们。"这意味着我们可能相撞，后果不堪设想。

船长命令信号兵通知对方："我们正迎面驶来，建议你转向20度。"

对方说："建议你转向20度。"

船长说："发信号，告诉他，我是上校，命令他转向20度。"

对方回答："我是二等水手，你最好转向20度。"

这时船长已勃然大怒，大叫道："告诉他，这是战舰，让他转向20度。"

对方的信号传来："这里是灯塔。"

结果，我们改变了航道。

课堂提问

这个船长为何一再强调要对方避让？

从这个故事中你得到了怎样的启示？

案例启示

在这个案例中，船长按照他已有的经验和思维惯性，要求"对方"按照他的意图进行避让。然而实际情况是，对方是灯塔，无法移动避让。这个故事也许是一个笑话，但在故事背后，我们看到了人的固有习惯和模式是如何影响自身的行为方式和生活方式的。

知识探究

心智模式又叫心智模型，是指深植我们心中的关于自己、别人、组织及周围世界每个层面的假设、形象和故事，并深受习惯思维、思维定式、已有知识的局限。

心智模式是根深蒂固于心中的，影响我们对这个世界的了解。采取行动的许多假设、成见、图像、印象，是对于周围世界如何运作的既有认知。我们通常不易察觉自己的心智模式，以及它对行为的影响。

在我们的日常生活中，我们常常依靠这种惯性的心智模式去处理自己的工作和生活。例如，"我不相信自己可以取胜""那些理工科的人都不懂浪漫"等，而实际上就是这些类似于应激反应的心智模式让我们困在原地，失去了更多的可能性和创造性，让自己的卓越性无法显现。消极被动模式如图 1–3 所示。

而实际上，在刺激和回应之间应该还有选择自由。维克多·弗兰克，1905 年 3 月 26 日出生于奥地利维也纳一个贫穷的犹太家庭，是维也纳第三心理治疗学派——意义治疗与存在主义分析（Existential Psychoanalysis）的创办人。

图 1–3　消极被动模式

身为犹太人，他曾在第二次世界大战期间被关进纳粹德国的死亡集中营，其父母、妻子与兄弟都死于纳粹魔掌，只剩下一个妹妹。他本人也饱受凌辱，历尽酷刑，过着朝不保夕的生活。

有一天，他赤身独处于狭小的囚室，忽然有一种全新的感受，后来他称为"人类终极的自由"。虽然纳粹能控制他的生存环境，摧残他的肉体，但他的自我意识却是独立的，能够超脱肉体的束缚，以旁观者的身份审视自己的遭遇。他可以决定外界刺激对自己的影响程度，或者说，在遭遇（刺激）与对遭遇的回应之间，他有选择回应方式的自由和能力。

这期间他设想了各式各样的状况，例如，想象他从死亡营获释后，站在讲台上给学生讲授自己从这段痛苦遭遇中学得的宝贵教训，告诉他们如何用心灵的眼睛看待自己的经历。他说："打不垮我的，将使我更坚强"。后来他出狱后，用他的经历感染和激发了很多人，并在 67 岁考取飞行员执照，80 岁还攀登阿尔卑斯山。

在最恶劣的环境中，弗兰克运用人类独有的自我意识，发掘了人性最根本的原则，即在刺激与回应之间，人有选择的自由。选择的自由包括人类特有的四种天赋。除"自我意识"（Self-Awareness）外，我们还拥有"想象力"（Imagination），即超越当前现实而在头脑中进行创造的能力；"良知"（Conscience），即明辨是非，坚持行为原则，判断思想、言行正确与否的能力；"独立意志"（Independent Will），即基于自我意识、不受外力影响而自行其是的能力。积极主动的心智模式如图1-4所示。

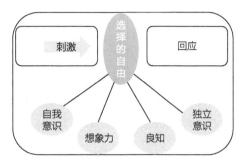

积极主动不仅指行事的态度，还意味着人一定要对自己的人生负责。个人行为取决于自身的抉择，而不是外在的环境，人类应该有营造有利的外在环境的主动性和积极性。包括企业、家庭和各级社会团体在内的任何组织都可以采取积极的态度，将其与创造力结合起来，在内部营造积极主动的企业文化氛围，不必坐等上苍的恩赐，而是通过集思广益，主动培育团队的共通价值观和目标。

图1-4 积极主动的心智模式

"事实"往往取决于我们如何定义它们，如何回应它们。淘宝在非典期间上线，满足了非常时期人们的需求。信息时代来临，老字号企业可以积极进行数字化转型，也可以沉下心，以更加专注的工匠精神，将手艺发挥到极致。无论哪种方式，都是对这个"事实"的积极回应，而不是停滞不前被时代抛弃。社会的发展日新月异，唯一不变的就是变化。当我们能够培养积极主动的心智模式，就可以将"困难"视为"挑战"，在未知中看到机会，在挫折中吸取经验，而这些是身为一个创业者所必须具备的心态。

在僵化的固定心智模式中，去拥有更多的选择权，发掘更多可能性，去发掘和培养我们的卓越性。让属于自己的能量由内而外地自然流淌出来。点亮自己，闪闪发光。

 讨论与思考

1. 总结你过去的成功，你身上的什么卓越之处让你成功？
   当时都有一些怎样的障碍？你是怎样克服这些障碍的？

2. 想象20年以后，描述一下你的成功画面。
   如果把你的这个成功放大四倍，那个时候，你会看到什么？听到什么？感受到什么？

3. 为了这个成功，你需要突破的限制性思维是什么？
   为了实现你20年后的成功画面，你需要保持哪些卓越的品质？

延伸阅读

　　思维意识会决定态度和行为，如果有意识地检查，我们会发现这些都会在我们的人格地图上体现出来，我们可以观察自己的语言，进而觉察自己的心智模式是消极被动的还是积极主动的，见表1-2。

表1-2　我们的语言

消极被动的语言	积极主动的语言
我已无能为力	试试看有没有其他可能性
我就是这样	我可以选择不同的做法
他把我气疯了	我可以控制自己的情绪
他们不会答应的	我可以想出有效的表达方式
我只能这样做	我能选择恰当的回应
我不能……	我选择……
我不得不……	我更愿意……
要是……就好了	我打算……

资料来源：《高效能人士的七个习惯》，作者史蒂芬·柯维。

1.2.2　聚焦目标的行动方式

案例分析

著名的心理学实验"看不见的大猩猩"

　　心理学史上有个很有名的实验。美国心理学家丹·西蒙斯（Dan Simons）和克里斯·车布里（Chris Chabris）在哈佛大学教心理学时一起设计了这个心理实验。

　　他们录制了一段短视频，名为"看不见的黑猩猩实验"，如图1-5所示。

图1-5　看不见的黑猩猩实验

视频中几个人在玩传球游戏。有的人穿白衣服，有的人穿黑衣服。

他们让参加实验的志愿者看视频，并让他们数传球的次数，要求只数穿白衣服的人传的球。

然后他们问每个志愿者，数的结果是什么。此后又问了一些问题：

Q（问题）：你在数的时候注意到什么异样吗？

A（回答）：没。

Q：除了玩球的人，你还注意到什么？

A：好像有电梯，墙上有大大的"S"。

Q：你有没有注意到一只大猩猩？

A：什么什么（A what）?!

参加实验的人有一半的人没看到视频中出现的大猩猩。

那只大猩猩由一个女学生装扮，从房间右边慢慢走到左边，并在中间手舞足蹈，出现的时间约8秒。

课堂提问

为什么这些人在看视频的时候没有看到黑猩猩呢？

实验结果对你有什么启示？

案例启示

案例中的这种现象叫"非注意盲视"（Inattentional Blindness），是注意力错觉引起的。当人们专注于眼前的任务时，可能会注意不到一些意料外的事物。参加实验的人太专注于数传球的数目，因而忽视了明显出现的大猩猩。人在某一个时刻的注意力是有限的，当有限的注意力的大部分用于某个方面，那就可能没有余力来觉察意料外的事物。

 |知识探究|

在卓越性培养模板中，首先需要改变我们的心智模式，调整到积极主动的心智模式，接下来就是采取行动。在我们的行动过程中，需要能够将我们有限的注意力聚焦到正确的地方，才能让行动产生我们想要的结果。在案例中，我们看到了当人们高度关注一个点的时候，就会对其他信息产生忽略，甚至看不到房间中的黑猩猩。

关注所向，力量所在。当我们的关注点在问题的时候，我们就很难看到我们的目标，被困难吓倒而停步不前。当我们关注点在目标的时候，我们就可以想办法逾越这些困难，一步步接近我们想要的结果。焦点不同带来的不同后果如图 1 - 6 所示。

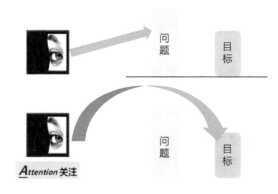

图1-6 焦点不同带来的不同后果

在每个人的成长过程中，都不可避免会遇到一些"障碍""问题""困难"。开创一番事业也不可能一帆风顺，这就需要我们将注意力聚焦在我们的目标上。

关注问题，创造更多问题；关注目标，创造更多的可能性。

在具体操作过程中，有一个可供参考的口诀，即"向内转""向前看"。

"向内转"。当所谓问题发生的时候，将更多的关注点聚焦转向"内部"，转向"我"。可以尝试问自己或者团队这样几个问题：我在这个事件中担任什么角色？我们在这个项目中担任什么角色？我还可以为目标的实现做些什么？

当这样思考的时候，就将事情的主动权重新拿回自己手中，将力量重新聚焦到自身，从而能够产生更多的能量和行动力。如果将关注点放在外部环境，如领导部门、合作伙伴身上，那将会耗费大量的精力去试图改变对方。而大量事实证明，这样的做法在很多时候都是徒劳的，甚至会更打击团队的士气和自己的信心。

"向前看"。将关注焦点转向未来，转向前方的目标。从时间维度上看，任何事情的状态无非是已经发生的、正在发生的、未来将要发生的。当我们将焦点关注在已经过去的事情上，在过去的事情中停步不前，会让我们的行动力减弱，因为我们无法改变已经发生的事情。当我们聚焦在未来的时候，才有可能激发起我们的行动力，因为那是可以改变和塑造的，是可以实现的愿景。当我们进行焦点转化时，可以尝试问自己或者团队这样几个问题：我期望达到什么样的结果？我们团队期望达到什么样的结果？

将"向内转""向前看"转化为一个工具，就是 AMBR，A 是 Attention（关注点），M 是 Mindset（心态），B 是 Behavior（行为），R 是 Result（结果）。

当我们的聚焦点不同的时候，我们所产生的心态、行动力，以及最后的结果都会发生很大的变化。AMBR 目标管理工具见表 1 - 3。

表 1 - 3　AMBR 目标管理工具

Attention（关注点）	Mindset（心态）	Behavior（行为）	Result（结果）
向外	无奈，很多外界人事无法改变	行动力差	解决问题信心不够
向内	平和，尽自己最大的能力	行动力强	解决问题信心强
向前	充满期待和新的可能性	行动力强	尝试以新的方式、新的途径去解决问题
向后	气愤、内疚，对于已发生的事情无法改变	行动力差	陷入互相指责、互相推诿中，对于问题解决没有意义

　　AMBR 焦点管理工具可以帮助我们，在遇到挑战的时候，积极地转换我们的焦点，让事情可以朝着更积极的方向推进。

　　曾经有一个企业举行业绩检讨会，当时正值经济衰退期，该行业所受的打击很大。因此会议开始的时候，大家情绪都很低落。

　　第一天讨论的主题是行业现状，大家表示要裁掉部分员工以维持企业生存，会后每个人都很灰心。

　　第二天讨论的是外部影响因素，会议结束，大家沮丧的程度更深一层，人人都认为事情还会恶化。

　　到了第三天，大家决定换一个角度，着重于以下几个问题："我们将如何应对？有何策略与计划？如何主动出击？"于是早上商讨如何加强管理与降低成本，下午则筹划如何开拓市场。会后人人士气高昂，信心十足！

　　在这个案例中，团队在第三天转换了他们的焦点，从关注外部影响因素，转换为关注我们可以如何应对现状，自己可以做什么。最后的讨论结果：本行业现状不好，短期内还会恶化；但我们可以采取正确的策略，改进管理手段，降低成本，提升市场占有率；这个行业的状况会比过去都好。

　　显然，当转换焦点之后，我们更有能力去应对现状和未来。包括企业、家庭和各级社会团体在内的任何组织都可以采用 AMBR 工具，采取积极的态度，将其与创造力结合起来，在内部营造积极主动的文化氛围，不必坐等"上苍的恩赐"，而是通过集思广益，去帮助我们的目标更好地达成。

　　表 1 - 4 所示的团队目标管理工作表可以帮助团队随时调整自己的聚焦点，从而更加有行动力。

表1-4　团队目标管理工作表

向前看	我们目前面临的挑战是	
	团队现在的整体氛围是	
	我们的目标是	
	我们的客户的目标是	
	我们的合作伙伴的目标是	
	其他利益相关方的目标是	
	我们的共同目标是	
向内转	在这个事件中，我们担任什么角色？	
	在能力范围内，我们还可以做哪些？	
	我们可以做些什么去激励团队？	
	如何重新去定义这件事情？	

讨论与思考

活动：调整自己的焦点

1. 写下你最近遇到的悬而未决的事情。

2. 观察自己的焦点模式：关注的是外在事物，还是内在事物？是别人还是自己？

3. 在进行这个事项的描述时，你的心态是怎样的？你的行动力是怎样的？你对于解决问题的信心是强还是弱？

4. 小组讨论，焦点改变对事物发展的改变。

📥 **│延伸阅读│**

看一个人的时间和精力集中于哪些事物，也能大致判断他是否积极主动。每个人都有格外关注的问题，如健康、家庭、事业、财富或国际形势等。这些都可以被归入"关注圈"。"关注圈"内的事情，有些事情可以被掌控，有些则超出个人能力范围，前者可以被圈成一个较小的"影响圈"。

积极主动的人专注于"影响圈"，他们专心做自己力所能及的事，他们的能量是积极的，能够使影响圈不断扩大。反之，消极被动的人则全神贯注于"关注圈"，盯紧他人弱点、环境问题及超出个人能力范围的事情不放，结果越来越怨天尤人，一味把自己当作受害者，并不断为自己的消极行为找借口。错误的焦点产生了消极能力，再加上对力所能及事情的忽略，造成了影响圈日益缩小。

积极主动的人虽然更看重自己的影响力，但他们的关注圈往往不小于影响圈，这样才能有效发挥影响力。

资料来源：《高效能人士的七个习惯》，作者史蒂芬·柯维。

1.2.3　共生共长的卓越版图

│案例分析│

亚马逊不仅要"客户至上"，还要当最好的雇主

2021 年 4 月 16 日消息，亚马逊创始人杰夫·贝索斯（Jeff Bezos）签署了其卸任首席执行官前的最后一封年度股东信。

他在信中写道："尽管我们已经取得了很多成就，但我很清楚，我们需要为员工的成功建立更好的愿景。我们始终想成为地球上最以客户为中心的公司，我们不会改变这一点。但我要为这个承诺增加新的内容，那就是我们将成为地球上最好的雇主，地球上最安全的工作场所。"

作为执行董事长，贝索斯表示，他计划专注于如何让亚马逊的仓库变得更安全。贝索斯还采取措施缓解股东的担忧，他表示，亚马逊"仍然处于创业第一天"状态，并强调了亚马逊的持续增长。

课堂提问

在贝索斯的信中，他不仅强调了一贯以来所宣扬的"客户至上"的准则，还加入了新的内容，即致力于成为最好的雇主。在文中他还关注到了哪些群体？

案例启示

任何一项事业的成功，都不是靠创始人一个人来做成的。需要团队的合作，需要社会的认可，需要消费者的支持。所以贝索斯在信中强调了要为员工创造价值，并且形成共同愿景。除此以外，他还关注到了股东的焦虑。贝索斯反复宣讲这些，就是希望能够将其理念传递给所有的利益相关者，形成关于这个事业的合力。

知识探究

亚马逊的理想是成为"地球上最以顾客为中心的公司"。为此亚马逊非常重视产品的多样性、便利性和低价格三个要素。这三个要素让亚马逊直接在世界各地雇佣了130万人，拥有2亿Prime用户，2020年的净利润为213亿美元。因为这个愿景是一个"人人都愿意归属的世界"，因此所有人，包括股东、投资人都会愿意参与其中。

美国NLP大学创始人之一罗伯特·迪尔茨曾经做过一项研究，他深入走访和调研了硅谷的成功企业家。他发现成功的企业家，代表了这种活在巨大进步、贡献与风险的世界里的新型领导者。他们不仅仅领导着他们的组织不断追求卓越，还不断力求挑战极限，将现有可能性不断拓展，以创造出惠及众生和让世界变得更加美好的某种独特的东西，或者是创造出改变游戏规则式的突破，如斯蒂夫·乔布斯和埃隆·马斯克。

这些成功企业的创始人将他们的注意力焦点均衡分配在五个基本方面：

- 他们自己以及对他们正在做的事情的目标与动机感。
- 他们的顾客以及他们的产品或服务。
- 他们的投资人和利益相关人。
- 他们的团队成员或者员工。
- 他们的战略合作伙伴及联盟。

为了企业的生存和繁荣，所有的高效创业者们需要的不仅仅是一个对潜在顾客具有吸引力的好产品或服务。他们还必须得到团队成员、投资者、联盟者，以及战略关系的充分支持。创业者需要构筑一个生生不息的卓越版图，以支持自己事业的持续发展，企业家卓越版图如图1-7所示。

这个卓越版图的核心，是创业者的热情，是自己对于某件事物强烈的欲望或热忱，是一切的源泉和起点，能够让自身能量源源不断地涌流出来，特别是在面对困境，遭受打击之时。乔布斯曾说，"人们常说你必须对你正在做的事情怀有巨大的热情，此言不虚。原因在于，坚持是困难的，如果你没有那么大的热情，任何理性的人都会选择放弃。因为这件事你要做很长一段时间，因此如果你无法真正爱它并乐在其中，你终将放弃。"

图 1-7　企业家卓越版图

　　围绕创业者的第一层外圈是跟创业者密切相关的利益群体，包括顾客和市场、利益相关人和投资人、团队成员和雇员、合作伙伴和联盟。第二层外圈是创业者通过几个角度呈现他们热情的企业形象。

　　愿景（顾客和市场）

　　运用创业者满足顾客和市场需求的热情和意图，来创造出充满新的可能性的一个梦想或愿景，是创立一个成功企业的基础。最成功的创业者能够反复聚焦于他们的消费者并且同时调整他们"感觉到的"和"潜在的"需求。例如，阿里巴巴的愿景就是"让天下没有难做的生意"。

　　愿景是描绘未来将会怎样或可能会怎样的心智图像，聚焦于长远可能性，创造一个更美好的世界。明晰的愿景可以带来很多的正面效应，如激发动力和创造力，设立长期的进程，创造能够激活资源的挑战，满足客户的需求和欲望，从当下连接到未来。下列愿景陈述案例可供参考：

- 越来越多的人能够掌握他们自身的健康状况。
- 人们互帮互助。
- 女性领导者潜能被唤醒。
- 人们通过商业成长并奉献。
- 人们活在梦想中并创造更好的世界。
- 支持孩子们做最好的自己。

使命（团队成员和雇员）

创业者吸引和鼓舞团队成员和雇员的能力非常重要，特别是对于初创企业来讲。要创造集体智慧和生生不息的合作，非常重要的是完全理解和欣赏是什么激励着人们。最有力的激励是能够让其成为某件重要事情的一部分，或者实现一个靠人们完全运用他们的天赋和能力去取得成功的共同梦想。例如，阿里巴巴的使命就是"通过互联网交易平台，帮助成千上万的中小企业创业，帮助成千上万的人找到工作"。

使命最终服务于愿景，为来自于一个"强烈感受到的目标或召唤"，以政治、商业目标而进行的重要任务。其往往表现为实现愿景的独特方式，例如，为更大的系统带来独特的天赋、资源、能力、行动实现愿景。下列使命陈述案例可供参考：

- 通过团队培训的经历帮助组内人员提升能力、心态、视野并克服障碍。
- 通过关于领导力与管理技巧的网上课程或线上教学来大幅度提高全世界人们的管理能力。
- 为发展中国家的人设计集体性项目，从中可以发现他们自己的独有的解决方案。
- 为来自穷困地区的人设计艺术项目，使他们能够从全新的视角认知他们的能力和身份。
- 发现并分享那些能够支持所有年龄段的人的健康和幸福的实践性行为方法。

雄心（利益相关人和投资人）

通常，利益相关人是指那些掌握着获得公司成功所必需的基本资源之关键的个人和团队。对于一个高效的创业者来讲，需要运用技巧激发卓越版图中的其他人，为拿到需要的资金和资源造势。一个创业者越是能够展示从潜在顾客、团队成员及合作伙伴那里获得的关注和支持，就越会对潜在投资人和利益相关人有吸引力。

企业雄心的表达不仅仅是指对公司产品和服务的简明描述，还要包括市场规模以及市场取得足够市场份额的计划。一般来说，企业雄心的达成会创造出回馈投资人所需要的价值。

角色（合作伙伴和联盟）

对于初创公司而言，建立起关键联盟和合作伙伴关系是另外一个非常重要的卓越板块。合作伙伴和联盟是让一名创业者得以扩展、借助资源或者提高曝光率的双重关系。一些成功的合作伙伴和联盟可以在潜在角色上互补、在两者的资源之间创造出一个有效协同作用的关系。

每个创业者需要清晰地认识到自己在团队中承担什么样的角色，从而找到合适的位置和身份，让自己的热情能够被激发，能力能够被放大。

当这个卓越版图均衡校准，所有的资源可以围绕创业者整合，那么事业成功的可能性就非常大。创业者要提前布局，科学开展企业经营，创造一个人人都愿意归属的美好世界。

|讨论与思考|

根据企业家卓越版图，请同学们完成以下表格，构建属于自己的卓越版图。

愿景陈述表

愿景：_____

客户：_____

行为

更多的　　　　　　　　　　　　　　更少的

_____　　　　_____

_____　　　　_____

_____　　　　_____

_____　　　　_____

使命陈述工作表

为了_____（达到何种目标），

我/我们的使命是为_____（何种客户群）

_____（提供何种服务）

明确我/我们的雄心

我/我们想要实现哪种程度的成就？（第一的？最好的？最快的？最大的？等）

我/我们想要他人怎样看待我/我们及所做的事情？

我/我们想要成为：_____

我/我们想要通过：_____

_____

_____来实现。

清楚你的角色

为了达成你的愿景、使命和雄心，你需要成为什么样的人（或者组织）？

在你的团队眼中，你是谁？

你的核心能力是什么？你的"超能力"又是什么？

我是：_____

我的超凡领域是：_____

_____

延伸阅读

依照卓越版图，创业者们需要将他们的时间均衡分配在以下五项：

1）与他们自己以及他们办企业的目标与动机连接。

2）从愿景迈向行动来为他们的顾客开发产品和服务，并且产生足够的利润和收益来支撑他们的企业——同时建立充分的"品牌知名度"以及市场份额。

3）培养起一支将自身与企业使命相结合且有担当、有能力的团队，并且随着业务的成熟不断提升他们的能力。

4）筹集资金并且确保其他所需基本资源来支持企业达成它的雄心，然后持续开发必要的商业战略和基础建设来使企业成长并且为股东创造价值。

5）建立关键的战略合作伙伴关系以及双赢关系，以通过利用资源杠杆和提升曝光度来拓展企业在市场中的地位。

本节小结

本节学习了培养个体卓越性的方法，包括了积极主动的心智模式，聚焦目标的行动方式，以及如何构筑生生不息的卓越版图。当我们从心智到行动力都可以有更多的能量，可以百分百为自己负责，为自己想要的目标负责时，我们的卓越性才能被不断激发和提升。当我们可以整合优质资源，将所有助力凝结在一起，多方共赢时，才能创造一个人人愿意归属的世界。一名优秀的创业者，一定是充满正能量，并且能够感染和激励他人的人。

【创业型领导力提升计划书】

请完成本书附录 A：《创业型领导力提升计划书》中的第一部分——构建属于我的创业型领导力。

第2章　提升创业者自我认知

案例分析 | 知识探究 | 讨论与思考 | 延伸阅读

> 人才是利润最高的商品，能够经营好
> 人才的企业才是最终的大赢家。
>
> ——柳传志

本章导读

选好人比培养人更有利于初创团队快速成长，选对人比选优秀的人更有利于企业发展。本章帮助创业者了解何为创业型人才素质模型，让创业者首先能够自我认知，明白自己需要提升的短板。通过学习测评工具，更好地了解自己的性格特质，并开展团队引领和沟通工作。

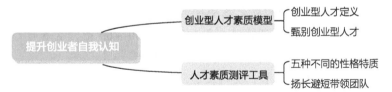

能力目标

- 能掌握创业型人才的内涵，并构建起属于自己的创业型人才模型。
- 能读懂 RTC 测评工具结果，提升自己的洞察力。
- 能掌握领导不同性格特质人的方法，提升自己的沟通力，改善团队氛围。

2.1 创业型人才素质模型

2.1.1 创业型人才定义

 案例分析

迅速盈利却失去团队
——采访忆之旅创立者之一小杨

忆之旅筹建时有4位股东，但创立初期他们没有明确分工，在4个股东中，师兄占40%，小杨和另外一位同学分别占25%，最后加入的"打工仔"则占10%。受访时，公司才成立1年，然而此时，也正处于小杨和他同学退股的谈判期。用小杨的话说："公司赚钱了，但我们散伙了。"

小杨很早就观察到大学生旅行是一个很大的消费市场。新生刚入校时，彼此都不熟悉，班级急需组织活动凝聚人心，旅游往往成为大家的首选；而对于毕业生而言，即将离开母校，离开一起生活3年的伙伴，依依不舍之余，旅游也成为大家最后狂欢的主题。大一的时候，小杨就跟着师兄开始做高校旅游项目，那时候的他是业务员，利用自己当学生干部的身份和能说会道的优势，和不同院系不同班级的班长打得火热，拉来了很多订单，那时候他就萌生了自己创业的想法。1年后他以忆之旅项目顺利进驻学校创业园。公司一开始创立就盈利，最红火的时候，每个月出团50~60个，看着自己银行卡上的收入一天天多起来，小杨非常兴奋。

但好景不长，公司出现危机。与很多初创企业不同的是，其他企业的危机往往来自外部竞争，而忆之旅的危机则出现在内部，就在股东之间。创业的4位股东在公司成立之初，就没有建立任何管理制度，也没有聘请员工；因为公司不断盈利，他们一直都"遵循"赚钱、分钱、再赚钱、再分钱的粗犷式经营模式。平时大家都忙着带团，每次一聚首就是分钱。小杨曾提出要建立一定的规章制度，例如，把所赚得的资金拿出一部分作为企业发展用途，或至少留存到年底再分配。但每次提出这类建议都被师兄否决，他认为公司只要不断赚钱就行了，赚钱也是为了花钱。每次大家都会为此发生激烈的争论。公司股东没有团队意识，平时都是各玩各的，只有钱可以把大家重新拉回公司。发展到最后，更糟糕的事情出现了：股东刻意隐瞒带团数量，把团费据为己有。

说到这里，小杨的眼里流露出深深的遗憾和无奈。公司成立之初，小杨畅想过公司的规划和定位——建立良好的客户关系管理体系，打造驴友社区，把旅游回忆产品作为旅行团的增值服务等。但到了实操环节，大家发现这些想法落地都要"烧钱"，而他们只想着快速赚钱，于是美好的蓝图最终都没有实现。如果自己可以主导企业的发展，真希望可以把这些未完成的心愿逐一实现。

访谈中，小杨给自己的创业打 59 分。1 年多的创业经历，让小杨深刻地认识到股东的选择很重要。他谈到，退出以后自己会继续创业，但会认真地反思并寻找合适的合伙人。第二次创业的时候，自己会更加关心品牌的建立和维护，会兼顾短期盈利和长期发展两者的关系和矛盾。

课堂提问

你认为是什么原因导致了这个旅行项目的终结？

案例启示

在案例中，这个旅行公司发展最缺的不是资金，而是共识，几个合伙人对于公司未来发展有着严重分歧。对于经营公司的目的、公司的愿景，甚至何为经营都有着截然不同的理解。道不同不相为谋，这样的分歧导致项目的结束。

知识探究

著名的美国投资家阿瑟·洛克曾经这样说："如果你找对了人，他们自然会经常变革产品，几乎我所犯的每一个错误都是因为我用错了人，而不是思路错误"。一个企业如果没有一支由两个以上关键贡献者组成的团队，是很难成长的。对初创团队而言，往往股东身份和员工身份是重合的，因此寻找合适的人非常重要。掌握科学的人才素质模型，能够帮助初创业者寻找到真正的黄金创始人。

在小杨的创业案例中，我们可以看到一个迅速盈利的团队是怎样走向解体的。团队的解体有制度的原因、利润分配的问题，但最根本的是，小杨对于企业的未来发展有着很多美好的规划，想带领企业快速成长，可其他股东的眼光始终在利润的分配上。这种思想观念的分歧，是短期内很难改变的，即便完善了企业的规章制度、利润分配制度，甚至换一个项目都无法解决，最终团队成员分道扬镳。

企业从一个想法孕育开始，创始团队需要面对很多的未知与挑战，需要有非常好的抗压能力，有很强烈的成就动机，有开创一番事业的野心和壮志。创业型人才就是充满创新精神、创业激情，喜欢冒险和挑战，富有好奇心，愿意不断创造的人。对于创业型人才来讲，不断创造和挑战是他们的使命，是他们的热情所在。就如同一只老虎征服了一座山头，会努力征服下一座更高的山头。在创业者的字典中，不会有"画地为牢""停步不前"的字样。

"我是一个有着 14 年企业经营史的企业家，请不要再把我看作一个明星偶像。"已经从人们视线中淡出多年，昔日夺得 106 块金牌的体操王子李宁又重新站到了台前，说这话的时候是在 2004 年 6 月李宁体育用品有限公司在香港上市而举行的招股说明会上。台上站的已不再是当年那个意气风发、有着迷人笑容的清纯少年，而是一个两鬓泛白的中年人。从 106 块金牌到 16 亿身价，从奥运冠军到叱咤风云的商人，李宁是典型的创业型人才，他永远不会满足于现状，是一种生命不息、奋斗不止的"折腾"，他将在其他领域继续续写他的人生传奇。

案例中的小杨也是创业型人才，他希望不断地拓展业务，增加事业的核心竞争力。而他的合伙人则希望能够守着目前的经营利润，停步不前。所以这个团队并不能肩负起让这个事业从 0 到 1 的使命和职责，分道扬镳也是一种必然结果。

在我们组建创业团队的过程中，要关注合伙人是否是创业型的人才。特别是核心人物，一定要有突破创新的勇气，有远见卓识。如果自身觉得还不具备这样的素质，则可以有意识地去锻炼和提升，从一些小事开始去突破，或者也可以吸纳创业者特质非常明显的合伙人，为整个团队注入更多的创业能量。

 讨论与思考

合伙人招募令

情景模拟：小杨的旅行社项目因为合伙人的缘故终结了，但是他仍想将这个项目做下去，实现他的梦想。现在他要重新招募合伙人，请以小组为单位帮他草拟一份"合伙人招募令"。

小组轮流发布"合伙人招募令"，并互相"PK"投票，评选出最佳招募令。

 延伸阅读

表 2 - 1   创业者特质汇总表

时间	作者	创业者特质
1848 年	Mill	风险承担
1917 年	Weber	权力需求

（续）

时间	作者	创业者特质
1934 年	Schumpeter	创新、主动
1954 年	Sutton	责任感
1959 年	Hartman	权力需求
1961 年	McClelland	风险承担、成就需求
1963 年	Davids	抱负、独立意识、责任感、自信
1964 年	Pickle	自我驱动、人际关系、沟通能力、专业知识
1971 年	Palmer	风险评估
1971 年	Hornada & Abound	成就需求、自主性、进攻性、影响力、识别能力、创新性、独立性
1973 年	Winter	影响力需求
1974 年	Gartner	权力内部需求
1982 年	Casson	风险承担、创新、影响力、权力需求
1985 年	Borland	改变和权力
1987 年	Begley & Boyd	风险承担、对不确定性的容忍度
1988 年	Caird	自我驱动
1998 年	Roper	影响力和权力需求
2000 年	Thomas & Mueller	风险承担、影响力、内部控制、创新
2001 年	Lee & Tsang	内部控制

资料来源：《创新创业基础》，作者孙洪义。

2.1.2　甄别创业型人才

案例分析

小叶在校期间是校艺术团的团长，街舞跳得非常棒，是一个非常有创意和活力的年轻人。由于是校艺术团团长，他有很多机会带队去外地参加一些活动演出。即便是短暂的差旅，他也需要拖着一个行李箱，在机场兜兜转转半天。有一天小叶突发灵感，如果能够将行李箱、滑板车、背包结合在一起就好了，这样就可以一路滑着行李箱到登机口，这该有多酷啊，省力又拉风！他想到就去做，很快开始进行市场调研，出设计图，请工厂打样……在那段日子里，他招募了对这个项目感兴趣并具备相关设计能力的同学做合伙人，同时自己也疯狂地进行工业设计和外观设计方面的补课，不懂就问，不会就查，在一遍遍的修改和打磨中，一次次在工厂里"泡"到半夜后，他的样品终于出炉了！但这才刚开始，接下来，他带着自己的样品马不停蹄地到处参赛参展，争取在更多的展示平台上增加曝光量，并虚心向行业内的人士请教，终于在一次创意交流会上获得天使投资，开始量产。量产之后，他的产品开始在各大网上交易平台进行销售，受到了大量年轻人的欢迎，特别在海外市场销量可观。随着资金、新的合伙人的加入，公司慢慢步入正轨，产业链条的管理、规章制度、组织架构也渐渐完善。但是小叶却慢慢对这种现状感到厌倦，每天就是看看订单，有时间跑跑工厂。这样的时间持续了大半年，小叶做出了让所有人都惊讶的决定，他将股份出让，退出了公司。小叶拿着自己创业的第一桶金，开始了另一个事业，一间文化创意公司。

课堂提问

在小叶身上，你看到了哪些创业者特质？

如果让你寻找一个创业合伙人，你会从哪几个维度去考量他？

案例启示

有想法，有魄力，有执行力，敢于冒险是小叶身上的特质，并且他不安于现状，喜欢尝试新的事物。在这个过程中，他努力地去弥补相关专业知识的缺乏，虚心向行业内的人士请教，终于让这个项目落地。当我们去招募合伙人的时候，也需要从理念、知识、经验等多个维度来考量，才能找到合适的合伙人。

知识探究

美国著名心理学家麦克利兰于 1973 年提出了一个著名的素质冰山模型，所谓"冰山模型"，就是将人员个体素质的不同表现方式划分为表面的"冰山以上部分"和深藏的"冰山以下部分"。

"冰山以上部分"包括基本知识、基本技能，是外在表现，是容易了解与测量的部分，相对而言也比较容易通过培训来改变和发展。"冰山以下部分"包括社会角色、自我形象、特质和动机，是人内在的、难以测量的部分。它们不太容易通过外界的影响而得到改变，但却对人员的行为与表现起着关键性的作用。

冰山理论广泛应用于各个领域，也适用于创业型人才素质模型。但对于创业领域来讲，有共性，也有一定的特殊性。基于众多创业案例，本书对创业型人才素质模型进行了梳理，包括理念、意识、能力、知识和经验（见图 2-1 创业型人才素质模型）。

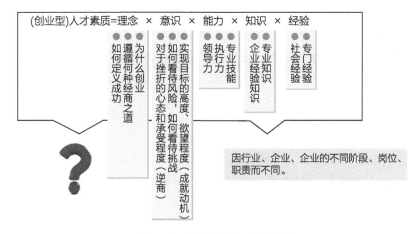

图 2-1　创业型人才素质模型

注：此知识概念摘自广州翔蓝企业管理顾问有限公司。

理念：这个人为什么创业，遵循何种经商之道，以及个人是如何定义成功的。一个真正的创业型人才，有强烈的创业动机，他的愿景不仅是为个体梦想的实现，也为创造一个更加美好的社会，这种使命感会驱使个体克服重重困难，而发自内心的热爱也会给个体带来很强的成就感。如果将一个创业型人才比喻为一辆汽车，那理念就是这部车的导航仪，指明了车的行驶方向。如果理念不一致，则会背道而驰。

意识：意识要素的内涵主要包括实现目标高度、欲望程度、如何看待风险、如何看待挑战，以及对于挫折的心态和承受程度。创业的路上充满挑战，需要有强大的意志力，需要有很好的抗压能力和狭路相逢勇者胜的勇气，否则，很容易被一点挫折打垮。意识是创业者的发动机，决定了这辆车的动能有多强，是否能跨越不平坦的道路。

能力：指专业技能、很好的执行力以及领导力。

知识：指在某个专业领域内的专业知识，以及企业经营知识，包括法律、财税、人事、管理、营销等方面。

经验：指所从事领域内的相关经验和社会经验。

几个要素之间是相乘的关系，任何一个要素为零都会让结果为零。其中能力、知识、经验因为行业、企业所处的不同阶段，因岗位、职责的不同而不同。但理念、意识对于创业者来说是共通的，是属于人才素质模型中"冰山下的部分"。"冰山上的部分"是可以通过短期的学习与培训得到快速提升的，但"冰山下的部分"很难改变。所谓"冰冻三尺，非一日之寒"，所以在考察一个人是否是创业型人才的时候，一般而言，先考察他们的理念和意识是否符合创业型人才的特征，是否具有创业精神和有创业梦想，是否有成就一番事业的强烈动机，是否有自信力和顽强的拼搏精神，是否有很好的抗压能力，然后才是能力、知识、经验与岗位的契合度。

在实际创业历程中，很难招到每个要素都达满分的合伙人，这就要创始人根据公司现在所处的阶段，对这个岗位人才需求的强烈程度等来综合判断。如果这是一个专业性要求很高，并且急需的岗位，可以适当加重要素中对于知识和能力的要求。

综上，这几个要素都是成为一个创业者的必备要素。无论是反观自己，还是考察他人，都需要从这几个维度去思考，找到真正靠谱的合伙人。

 讨论与思考

将同学分组，对照创业人才素质模型，评价小组成员，分析小组成员的素质模型，探讨彼此是否是创业型人才。请将小组成员及自己的素质模型写在下面。

 延伸阅读

美国学者斯库勒（Scouller）认为，团队领袖的主要任务是：①鼓励并领导团队成员实现目标和愿景，并共同分享；②控制团队的行动、过程和结果；③塑造团结的集体和团队精神；④关注每个团队成员。

团队领袖是组织中的重要成员，团队成员可能不会直接向团队领袖进行汇报，但是他们一定会不遗余力地支持团队领袖和其他团队成员实现组织的目标。一个好的团队领袖会客观地倾听团队其他成员、客户、供应商、竞争者等的意见和反馈，并积极做出调整。团队领袖良好的倾听能力会显著提高整个团队的竞争力和产出能力。

真正的领袖能让身边的人清晰地明白：他们自己想做什么，想拥有什么，想成为什么。这样的领袖可以激发人们未知的动力，帮助他们设定要达到的目标，带领他们战胜内心的懒惰、焦虑、困扰，让他们达成自己心底曾憧憬万分，却没敢想象能够真正实现的辉煌目标。这样的领袖是其他人追随的榜样，他坚定、睿智、理智而能够理解他人。在其他人眼中，他是黑夜中炯炯闪烁的冲天火光，是夕阳下向着远方地平线走去的伟岸背影。人们不需要被管理，而需要被这样的领袖领导。

资料来源：《创新创业基础》，作者孙洪义。

本节小结

1. 创业型人才是充满创新精神、创业激情，喜欢冒险和挑战，富有好奇心，愿意不断创造的人。

2. 人才素质模型 = 理念 × 意识 × 能力 × 知识 × 经验

3. 选好合适的创业小伙伴，是项目能够富有持续生命力的重要条件。

2.2　人才素质测评工具

2.2.1　五种不同的性格特质

案例分析

　　志鹏是一家小型物流公司的新主管，当初做业务员时，部门上下无不夸奖志鹏吃苦又肯干，任劳任怨，从不争风头，大家都认为志鹏就是未来主管的必定人选。后来果然不负众望，公司提拔他为主管。上任后，他继续以往工作风格，和员工打成一片，有时候碰到员工一些不良行为，他总是忍让包容，不愿意指出问题，部门内部一团和气。

　　可好景不长，随着外部竞争压力加剧，业绩每况愈下，而他面对诸多问题，常常感到力不从心，例如，每次部门例会下达任务时，有些员工总是不理不睬，不听指挥。志鹏很想修整一下风气，可每次都强硬不起来。面对逐渐涣散的部门，志鹏苦恼不堪，又束手无策。最后为了完成任务，常常自己一个人通宵达旦。

　　最近，一位老朋友联络了他，说正要筹划一家物流公司，在朋友中得知他有多年物流公司的管理经验，于是力邀他一起携手创业。

课堂提问

　　如果你是志鹏，你会答应这位好友的邀约吗？仅从案例分析，你认为志鹏适合成为初创团队的核心成员吗？

案例启示

　　并不是每一个人都适合创业，单兵作战能力强、业务过硬的人不一定适合带领团队。要认识到每个人的性格特质不同，各有优劣势，要扬长避短，充分开发优势，刻意去练习薄弱的部分，才能发挥每个人最大的价值。

📝 | **知识探究** |

在案例中，志鹏是一名优秀的员工，但并不是一个出色的领导者。人岗匹配，不仅是业务能力的匹配，也包括性格特质的匹配。在学习了创业型人才素质模型后，本节重点学习 RTC 人才测评工具的使用。

RtCatch 研究工作组于 1977 年设立于英国，由 22 位社会学学者结合 Allport 人格心理学、Carl R. Rogers 人本主义心理学、Clark L. Hull 新行为主义、社会学、统计学等理论，并带领欧洲四所大学 100 多名相关科系的研究生、志愿者及公益组织人士，对 200 万名学生与社会人士进行长期动态追踪及数据分析。

RtCatch 已累积样本量超过 2100 万人，运用心理学及统计学原理，对人做出学习动机、行为感知、工作期望、心情感知、行为变化、工作压力、外在表现等诊断报告，其精准率可达 98% 以上。题目设计采取形容词句的方式，题目辨识率高达 95%，为企业用人及开发人才提供了科学依据。

在测评结束后，系统很快会生成一份个人报告，个人报告详细解释了测评人的性格特质、行为风格、自信度等，可以为企业用人提供有效支持。一般来讲，性格特质的偏好相对比较稳定，但也会随着内外环境的巨大变化产生缓慢变化，因此建议一年之内做一次即可。读者可以关注"深圳双创"公众号，进入测评系统进行测评。

经过大量样本的积累和研究，RTC 测评将人的性格特质分为五种类型，分别是控制型（代表形象是老虎）、表现型（代表形象是孔雀）、分析型（代表形象是猫头鹰）、温和型（代表形象是熊猫）、调整型（代表形象是变色龙）。了解这五种性格特质的主要特征，就能快速对人才进行初步的判断。以下是五种性格特质的分析，分别见表 2-2 ~ 表 2-6。

表 2-2　控制型性格特质分析

风格	分析
形象	老虎 Tiger
价值观	爱拼才会赢
行为倾向	1）喜欢自主的工作 2）喜欢冒险挑战 3）勇于支配他人工作 4）做事情一向直来直往 5）敢于尝试不同事务 6）比较看重自我的发展 7）擅于果断决定并采取行动 8）敢于接受一个人独挑大梁

（续）

风格	分析
喜欢的环境	1）能自我控制与给予权利的环境 2）具有挑战的环境 3）能用论功行赏的激励环境
讨厌的环境	1）不被他人重视 2）不喜欢与能力弱的人一起合作 3）被他人干预或限制行动
沟通风格	1）直接式的：有话会直说或坦白沟通 2）简单式的：重复的话不愿多讲，但希望能直入核心话题 3）开放式的：谈什么都可以，只要愿意就可以沟通

表 2-3　表现型性格特质分析

风格	分析
形象	孔雀 Peacock
价值观	明天会更好
行为倾向	1）喜欢愉快地工作 2）擅于沟通或自我表现 3）喜欢与人打交道 4）对人重视情感 5）容易充满希望与愿景 6）具有好奇心与风趣 7）容易影响他人思想 8）容易鼓励别人
喜欢的环境	1）充满快乐的工作氛围 2）能自由自在发挥的空间 3）能与他人互动的环境
讨厌的环境	1）大家做事过于严肃 2）没有表现或舞台的空间 3）被人忽视或冷落
沟通风格	1）热心式的：会采取较长的沟通，希望他人充分了解 2）说服式的：会用语言或肢体影响他人 3）幽默式的：有时讲几个笑话或做几个动作，拉近彼此的距离

表 2 - 4　分析型性格特质分析

风格	分析
形象	猫头鹰 Owl
价值观	凡事实事求是
行为倾向	1）做事喜欢通过分析进行思考 2）擅于研究或评估 3）做事容易谨慎小心 4）喜欢用标准行事 5）讲求诚信与实在的做法 6）容易遵守游戏规则 7）喜欢依法办事 8）重视制度与纪律
喜欢的环境	1）重视规则、讲制度的环境 2）能够提供思考的空间 3）尊重研究或技术成果的环境
讨厌的环境	1）经常吵吵闹闹的环境 2）不被尊重的要求 3）不公平处理的工作环境
沟通风格	1）冷静式的：会用安静偏理性的语言 2）数据式的：容易以数字、根据或历史背景的语言与他人交流 3）质疑式的：对不接受之事易以怀疑或不同看法质疑他人

表 2 - 5　温和型性格特质分析

风格	分析
形象	熊猫 Panda
价值观	家和万事兴
行为倾向	1）做事喜欢步步为营 2）喜欢水到渠成或用耐力等待成果 3）为人处世比较敦厚朴实 4）不喜欢与人对立 5）喜欢按照自己的步骤或规律做事 6）比较喜欢用共识与人合作 7）重视双方的友谊 8）对人容易擅用亲和力
喜欢的环境	1）没有强势或胁迫的工作环境 2）充满和谐的工作氛围 3）偏向人性化的工作团队

（续）

风格	分析
讨厌的环境	1）经常需要改变工作的环境 2）得不到别人尊重的环境 3）过于理性或冷淡无情的工作环境
沟通风格	1）友善式的：对他人讲话不伤和气 2）温和式的：对他人沟通以不强势或激烈的语言 3）配合式的：为相互尊重会保持低调或协助的语言进行沟通

表 2-6　调整型性格特质分析

风格	分析
形象	变色龙 Chameleon
价值观	演什么要像什么
行为倾向	1）容易迎合环境做自我调整 2）性格比较中性，不突出 3）喜欢平稳地做事 4）喜欢运用资源相互合作 5）喜欢平和的方式与人相处 6）容易用支持协助的方式与他人达成共识
喜欢的环境	随外部环境变化而变化
讨厌的环境	随外部环境变化而变化
沟通风格	随外部环境变化而变化

　　本节案例分析中的志鹏是一个典型的平和型特质的人，他很注重团队和睦的氛围，不愿意和人起冲突，踏实本分，任劳任怨。但这种性格特质的人走上领导岗位后，就容易为了一团和气而破坏了分工职责，难以立规矩、树威信，无法带出一支高效、战斗力强的队伍。如果志鹏意识到这一点，有意进行调整，那也可以成为一个率先垂范，亲和力强，同时又有底线和原则的优秀领导人。如果没有意识到这个问题，即便去创业也会遇到相似的团队问题。

　　当明白了性格特质对每个人行为方式的影响后，我们在识别性格特质的时候需要注意：

　　在生活中很少有人是单纯一种性格特质的，多数人是由两种或者三种性格复合的，差别在于性格特质的显著度有多高。

　　性格特质没有好坏之分，每种性格特质都有其自身的特点，如果放在合适的环境和岗位之中，就能发挥其长处，激发每个个体的积极性，发掘最大潜力。否则，其就会变得难以施展，困顿不适，就好像让左撇子用右手写字一样别扭。

讨论与思考

请同学们关注"深圳双创"微信公众号，在线做测评，或者根据五种性格特质的表格和自己做比对，看看自己是属于哪一种或者哪几种性格特质。

和小组成员互相交换意见，并讨论这样的团队组合需要在协作时注意什么问题？

 延伸阅读

通过对 1 万名企业家进行 RTC 测评发现，其中大部分企业家是老虎的性格特征。他们自信度高，具有很强的抗压能力，果敢决断。排名第二的是孔雀的性格特质，外向开朗，善于与人沟通交流。但这并不代表猫头鹰型、熊猫型的人不能创业，只要组建合适的团队，各取所长，也能带领优秀的企业。

2.2.2　扬长避短带领团队

 案例分析

章总是一位二次创业者，他瞄准了一个细分市场，觉得很有发展前景，就物色了其他三位合伙人共同做这个事业。在组建团队前，他给每个人都做了 RTC 测评，结果显示团队四个人全部是老虎型的性格特质。这就意味着团队中的每个人都很有自己的想法，有决断力，但也意味着每个人都不喜欢被干预，都喜欢自己做主的感觉。团队组建后，章总做了两件事情：第一，明确创始团队的分工，各管一摊，并且充分地授权和信任，只给目标，不过多干涉过程和细节。第二，明确决策机制、联络沟通机制，确保民主基础上有集中，各自相对独立又彼此沟通连接。做了这两件事情后，团队的合作非常顺畅默契，大家在各自的领域内都做得风生水起，有一种彼此争着创佳绩的感觉。企业经过最初的草创期后，很快进入利润倍增阶段，成为当地一家非常受人尊重的民企。

课堂提问

章总为什么做这两件事？这和他们的性格特质有多大关系？

案例启示

中国有句俗话说"一山难容二虎"，为了避免这几位老虎型的领导陷入互相争斗的内耗中，章总采取了上述两个措施，有效地避免了几个创始人行为风格上的冲突，并充分发挥了他们的优势。

知识探究

在寻找初创团队成员的时候，RTC 测评可以帮助创始人迅速了解对方的性格特质。了解性格特质只是一个基础，更重要的是学会"带好"这支队伍。在案例中，章总根据每个合伙人的性格特质，采取了有效的工作方式，让整个团队具有更强的战斗力和凝聚力。那么我们究竟该如何领导不同性格特质的人，并采取有效的沟通手段呢？

1）老虎性格特质。老虎性格特质的人与人沟通的方式是直接、强势的，他的动力机制是目标、收入、权力。所以对于老虎型的下属，沟通时不需要和风细雨，而是简单明了，直奔主题。老虎型伙伴更适合目标管理，并且是给予他一些具有挑战性的目标，才能激发他的雄心和热情。在过程管理中需要更多的放权，给予他尊重和相应的权利。

2）孔雀性格特质。孔雀性格特质的人与人沟通的方式是友善、夸张的。他的动力机制是情感、收益、赞赏。所以对于孔雀型的伙伴，沟通时需要多给予鼓励和肯定，这种赞美甚至更胜于金钱上的激励。如果只有目标和任务，没有情感上的激励和关心，孔雀型的人会感觉工作得很无趣，像一个工作机器。所以领导者要给予孔雀型的下属足够的舞台展示自己，要让他有成为焦点的机会，这样他才有动力去走向更大的舞台，取得更多的鲜花和掌声。

3）熊猫性格特质。熊猫性格特质的人与人沟通的方式是商量、包容的。他的动力机制是同步、规矩、和睦。所以熊猫型的人不适合特别具有创新性和挑战性的工作，那些行动迅速、需要不断突破的岗位会让熊猫型的人手足无措，很没有安全感。他需要的是和睦的工作氛围，按部就班的流程化操作。在一个和睦团队中会让熊猫型的人非常舒心，愿意勤勤恳恳地努力做好每一件小事。

4）猫头鹰性格特质。猫头鹰性格特质的人与人沟通的方式是有理有据、细致周全的。他的动力机制是合理、公平、规范。所以给猫头鹰型的人布置工作要科学规范，他需要严谨的数据、合理的推断、符合逻辑的流程来支撑他的工作。模棱两可、似是而非、天马行空的工作内容会让猫头鹰型的人非常难受，觉得无从下手。

5）变色龙性格特质。变色龙性格特质的人与人沟通的方式是因角色而异、灵活多样的。他的动力机制是环境需要。变色龙型的人适应环境能力特别强，会根据外部环境的变化及时调整自己的角色定位，并配合其他人共同完成工作。

｜讨论与思考｜

　　课堂随机分组。分享小组成员的性格特质。当学习了本节内容之后，请尝试与小组内不同性格特质的伙伴去沟通一个事项。事项的内容是：公司临时决定将公司内部年会扩大规模，邀请核心客户和商务合作伙伴一起参加。公司决定由你负责这个年会项目。请将你的沟通要点记录在下面：

 ｜延伸阅读｜

　　根据 RTC 测评的全球数据分析，创业者的共性：

1）具有创业意愿。
2）具有领导能力。
3）具有强烈目标感。
4）具有敢于挑战的勇气。
5）具有愿景蓝图。
6）具有激励或说服他人的能力。
7）具有宏观的格局。
8）具有用人（放权）的能力。
9）具有创新的思想。
10）具有达成欲望的行动力。

核心能力：表达、创新、开创、领导、挑战的能力。

 ｜本节小结｜

　　RTC 性格特质测评工具的优点在于快速便捷，在大数据的基础上，能够让我们在短时间内对一个陌生人有更多的了解，可作为组建团队时一个重要的参考依据。但如果是招募初创团队的核心成员，仅通过性格特质去了解对方是不够的，需要结合面谈等更多方式来确定彼此的合作关系。

　　老虎型的人适合创业，同样也有非老虎型的人创业成功，关键在于了解自己，了解团队，寻找最适合的工作方式，匹配最合拍的工作伙伴，激发每种性格特质的优点和长处，打造一支黄金创始人团队。

　　【创业型领导力提升计划书】

　　请完成附录 A：《创业型领导力提升计划书》中的第二部分——提升我的创业者自我认知。

第 3 章 强化创业者沟通力

案例分析 | 知识探究 | 讨论与思考 | 延伸阅读 |

> 企业管理过去是沟通，现在是沟通，
> 未来还是沟通。
>
> ——松下幸之助

 本章导读

　　沟通力是所有能力中的底层能力。无论在职场中，还是在日常生活中，良好的沟通能力都会给个体带来更好的收益和反馈。对于创业者而言，强化自己的沟通能力，能更好地整合资源，协调问题。在本章我们将完整梳理沟通的方式，并学习沟通中的聆听和表达工具，全面强化创业者的沟通能力，为事业快速发展助力。

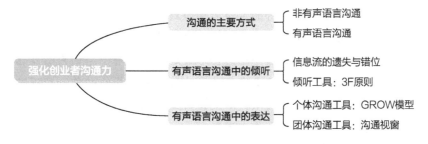

能力目标

- 能根据不同场景的需求，选择合适的沟通方式，提高沟通质量。
- 能掌握有声语言沟通中的倾听工具，提升共情能力，达到有效沟通。
- 能掌握有声语言沟通中的表达工具，全面提升个体和团队沟通力。

3.1 沟通的主要方式

3.1.1 非有声语言沟通

案例分析

美国前总统奥巴马的公众形象非常积极，这是大多数政治人物不可匹敌的。手势和表情是其奥妙所在。

奥巴马的表情极少会令人感到不舒服。这种令人不舒服的照片在媒体报道中凤毛麟角。奥巴马对自己的面部表情信心十足，无须有意控制，一切尽在掌握。爽朗的笑容是奥巴马的招牌表情。他的笑之所以可以轻易被他人感知，并达到触动人心的效果，是因为他的笑容从眼部开始绽放，而不仅仅靠嘴部的张开动作。后者往往会给人以牵强之感。

那么奥巴马是如何做到在巨大的工作压力下仍然以笑容示人？唯一的可能性就是他完成了专业的心理训练。可以想象奥巴马一定具备在几秒钟内进行自我情绪调节的能力。他总能释放出积极的正能量，这成为奥巴马的一张王牌。

即使不笑，人们在奥巴马身上也经常看到一副嘴部微微张开的表情：严肃而不紧绷，制造出友好的氛围。加之稍侧向一方的头部，向人发出友善的信号。

奥巴马对手势的运用同样恰到好处。他双臂的活动范围几乎永远保持在居于肩膀和胯部之间的理想位置。他在演讲时双臂总是微微张开，手掌朝下。这个姿态会给听众一种"给予"的内心暗示。和大多数政治人物一样，奥巴马也喜欢做出伸食指的动作，只不过他的食指并不指向前方的听众，而是指向上方或者侧方。这就避免了攻击性效果，不会使听众反感或不安。

此外，他的身体经常微微前倾，重心集中在脚掌，显示出积极主动的态度，示意"我有能力做出改变"。奥巴马懂得情感的巨大力量，通过"胜利者的肢体语言"向外传递出正能量情感。奥巴马由此成为理想的代言人。

资料来源：http://blog.sina.com.cn/s/blog_67216ac80102wnnz.html

课堂提问

1. 文中说，奥巴马的笑容是他的一张王牌。你是否认可这样的说法？
2. 你喜欢怎样的身体姿势，你认为这个姿势传递出什么样的信念呢？

案例启示

肢体语言同样是一种重要的沟通和表达，灿烂的笑容，握紧的拳头，都向人们传递出不同的信息。案例中奥巴马充分运用了这些肢体语言，大大地提升了他的亲和力，从而更加有利于他的工作开展。

知识探究

沟通能力如同木桶的底板，其他能力的高低决定了你的"木桶能装多少水"，但木桶的底板决定了你"是否能够装水"。一个品学兼优的毕业生，可能因为面试时表达不流畅，没有拿到 offer。一个优秀的项目策划书，可能因为展示环节不够精彩，失去了甲方的合同。几乎所有人都认可沟通能力的重要性，同时认为自己的沟通能力仍有待提高。

沟通的主要方式有：肢体语言沟通、书面语言沟通等。

1. 肢体语言沟通

走在热闹的大街上，看着来来往往的人群，其中有穿着橙色运动服、剪着清爽短发的阳光男孩，也有穿着孔雀绿的坎肩、精神矍铄的慈祥老人，你有没有发觉到你虽然并不认识这些人，却在脑海里自动给他们下了定义？美国心理学教授艾伯特·梅拉宾，对人们的这种旁观感受做了长达 10 年的研究之后，便得出了"7:38:55 定律"。这个定律说的是人们对一个人的印象，只有 7% 来自于谈话的内容（遣词用字），而有 38% 来自于音质与语调（抑扬顿挫、音质、音高），却有高达 55% 的比重来自于肢体语言（手势、脸部表情）与外表、服装。

几乎所有赢得比赛的运动员们都做过这样一个动作：双臂高高举起，挺胸抬头，敞开怀抱。而输了比赛的运动员则不约而同地出现了双肩下垂、含胸缩背的动作。这种姿态的选择并非是后天习得，而是与生俱来的认知。

由此可见，肢体语言是很有力量的，可以传递出很多信息，并且比有声语言传递出的信息更具真实性。但我们在日常生活中却往往忽视了这部分的表达。从图 3-1 和图 3-2 所示的两幅漫画中，我们可以更直观地感受肢体语言。

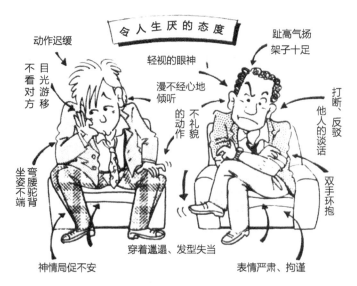

图3-1　负能量的身体语言

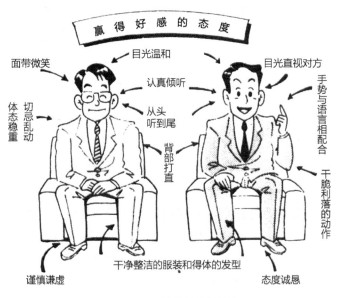

图3-2　正能量的身体语言

　　更多地去做一些伸展性的动作，昂首挺胸、真诚微笑，这不仅会为自己带来良好感受，也会为你的创业伙伴和客户带来良好的感受，为你们的沟通打下了很好的基础。当遇到挑战时，请像夺得比赛胜利的运动员那样，双臂高高举起，挺胸抬头，敞开怀抱。先从改变姿势开始，转换能量，改变肢体语言传递的信号。

　　2. 书面语言沟通

　　书面语言又称文字语，笔语。书面语言沟通是另一种重要的沟通方式，是将声音转化为文字，靠文字记录书写的一种语言符号系统，是隐含着语音而无声响的言语。

对于创业者而言，常见的书面语言沟通包括公文写作和新媒体写作。公文写作主要针对的是团队伙伴和商务合作伙伴，要求文字具有规范性、确切性、严谨性、长效性、权威性，如内部通知、工作计划、项目计划书、合同等。

新媒体写作则主要针对的是更广泛的顾客群体，目的在于宣传公司产品、传递公司理念、提升客户黏性，要求文字具有趣味性、可读性、故事性，如公众号文案，宣传海报文案等。

文字是很有温度和感染力的。例如，江小白和杜蕾斯的文案一直在广告界被认可。而南方周末1999年的新年贺词"祝愿阳光打在你的脸上"至今被人们所津津乐道。

 讨论与思考

请同学们两两一组，相向而坐，其中一位同学向对方讲话，而另一位同学捂住耳朵，只观察对方的肢体语言，包括手势、姿态以及面部表情。然后回答以下问题：

1. 你从他的肢体语言中获得了什么样的信息，请用几个形容词简单描述他试图告诉你什么？

2. 请对方再复述一遍他所讲的内容，前后是否一致？

3. 如果不相符，你会怎么做？

 延伸阅读

运用高能量姿势改变自己

1. 准备：面对挑战时，以扩展性的姿势热身

在进入重大的、具有挑战性的环境之前，可以使用扩展性姿势暗示自己。在挑战来临之前，尽可能多地占用让自己觉得舒服的空间，这等于告诉自己，我很强大。如果环境有限，就用大脑来想，想象自己正在摆出最有力量、最具有扩展性的姿势。如果可以的话，提前赶到场地，把身体舒展开来，把这里当成你的地盘。所以当观众入场时，是他们到你"家"来，而不是你去他们"家"。

2．过程：正确使用肢体语言的力量

在具有挑战性的环境中保持不太强势但仍有力、挺拔开放的姿势也同样重要，如坐直、适度地抬起下巴、避免只用手臂的下半部分做手势，打开上臂做肢体语言等。条件允许的话，尽量走动一下。但需要把握姿势的扩展程度，以免破坏社会行为规范、显得过于咄咄逼人而使他人退缩等。

3．持续：时刻注意自己的姿势

避免习惯性的、无意识的低能量姿态非常重要。我们可以将高能量姿势融入日常生活中，如叉着腰刷牙、以舒展四肢的方式睡觉、把鼠标放远一些以舒展身体、避免长时间低头看手机、让家人朋友在自己低头垂肩时提醒自己等。

资料来源：《高能量姿势》，作者埃米·卡迪。

3.1.2　有声语言沟通

 案例分析

假设你的眼睛不太舒服，去看眼科医生，而他只听你说了几句话就摘下自己的眼镜给你。

"戴上吧"他说，"我已经戴了十年了，很管用，现在送给你，反正我家里还有一副。"

可是你戴了之后看到的东西都扭曲了。

"太可怕了！"你叫道，"我什么都看不到了。"

"怎么会呢？"医生说，"我戴的时候很好啊，你再试试。""我试过了"你说，"可是眼前一片模糊。"

"喂，你这个人怎么回事？往好处想不行吗？"

"那好，我现在郑重地告诉你，我什么都看不见。"

"我对你多好啊"医生恼羞成怒，"真是好心不得好报！"

课堂提问

在这段医生与病人的对话中出现了什么问题？是什么导致他们沟通不愉快？

案例启示

在案例中，医生并没有认真听病人讲述自己的症结在哪里，而是匆忙给出自己的建议，并强加于病人，导致沟通不畅。与人沟通时，我们也常常会不问青红皂白就妄下断言，以善意的建议试图快刀斩乱麻地解决问题。

|知识探究|

在我们评价一个人的有声语言沟通能力很好时，往往指的是这个人的表达能力很强，例如，公众演讲能力出色，能够口若悬河、口吐莲花。但仅仅是表达能力好就够了吗？生活中表达能力越好的人，往往他们之间的争执更加激烈，谁也说服不了谁。当我们想要跟对方沟通的时候，往往急于表达自己的观点，急于想让对方认可自己的意见，就好像案例中的那个医生一样，而常常忽略了有声语言沟通中的重要一环：聆听。

在一个完整的沟通中，包含了聆听和表达两个环节（见图 3-3）。

在与人沟通之时，我们首先要学会聆听，听懂对方的需求和背景，掌握对方的真实情况，如他的顾虑等。我们的聆听也通常有层次之分。一种是充耳不闻，压根不听别人的说话；另一种是装模作样，假装在听"是的！嗯！没错！"；第三种是选择接收，只听一部分，通常学龄前儿童的

图 3-3　沟通的完整环节

喋喋不休会让我们采取这种方式；第四种是聚精会神，努力听到每一个字；很少人能够达到第五种层次，就是移情聆听。

回应型聆听是一种技巧，本质是以自我为中心，就算行为没有显露，动机已经不言而喻。回应型聆听技巧的目的不过是要做出回应，控制对方。而移情聆听是指以理解为目的的聆听，要求听者站在说话者的角度理解他们的思维模式和感受。倾听是为了理解，是为了更深刻的交流。

在完成了充分的聆听之后，才能更好地做出回应，从而更好地达到沟通的目的。如果没有充分的聆听，只是急于表达，甚至试图控制对方，那么这样的沟通往往是无效的。

作为创业者，很多时候需要与合伙人、投资人、商业合作伙伴、顾客进行大量的沟通，去了解真实情况，解决问题，协调资源。如果对于下属只是单纯地布置任务，下达指令，没有听取他们对于任务的理解和意见，那么执行过程中很容易"动作变形"；如果对于顾客提出的意见，只是急于去辩解和开脱，没有真正地聆听，那么说得越多，顾客会越反感；对于商业合作伙伴，如果没有认真听取他们的诉求和想法，只是单方面滔滔不绝谈论自己的宏伟愿景，那也会让合作伙伴感受不到应有的尊重。

有声语言的沟通并不是辩论赛。有效沟通的真正含义是达到沟通的目的，让彼此能够双赢，让事情有更妥善的处理和解决，而不是自己说服了对方，或者让对方哑口无言。

严格遵守有声语言沟通的循环，即"聆听——表达——再聆听——再表达"。可以让我们的沟通更有效，提升我们的有声语言沟通能力。

讨论与思考

本周，选择你希望能够重新来一次的谈话。

与谁谈话？

何时进行的谈话？

谈话的主题是什么？

为什么你希望能够重新来一次？

如果重新来一次，你希望的谈话应该是怎样的？

 延伸阅读

四种自传式回应

我们在听别人讲话时，总是会联系我们自己的经历，因此自以为是的人往往会有四种"自传式回应"（Autobiographical）的倾向。

价值判断——对旁人的意见只有接受或不接受。

追根究底——依自己的价值观探查别人的隐私。

好为人师——以自己的经验提供忠告。

自以为是——根据自己的行为与动机衡量别人的行为与动机。

价值判断令人无法畅所欲言，追根究底则令人无法开诚布公，这些都是造成人际关系的一大障碍。

青少年与朋友讲电话可以扯上一两个小时，跟父母却无话可说，或者把家当成吃饭睡觉的旅馆，为什么呢？如果父母只懂得训斥和批评，无法聆听孩子的想法，孩子又怎么会向父母吐真言？

资料来源：《高效能人士的7个习惯》，作者斯蒂芬·柯维。

| 本节小结 |

　　良好的沟通能力是我们的底层能力，无论是肢体语言、书面语言还是有声语言，都需要我们进行一些刻意训练，从而让我们在人际关系中游刃有余，吸引更多的人来助力我们的事业，而不是成为事业发展中的障碍。也许有人口齿伶俐，但是学完本节之后，你应该明白，经过一些练习，也许不用说很多话，甚至不说话，都可以展现强大的沟通能力，呈现最佳沟通效果。

3.2　有声语言沟通中的倾听

3.2.1　信息流的遗失与错位

| 案例分析 |

　　1910 年，在美国，营长对值班的军官说："明晚八点左右，哈雷彗星将可能在我们这个地区看到，这颗彗星每隔 76 年才能看见一次。命令所有士兵，着野战服在操场上集合，我将向他们解释这一罕见的现象，如果下雨的话，就在礼堂集合，我为他们放一部有关彗星的影片。"

　　值班军官立即执行营长的命令，对连长说："根据营长的命令，明晚八点，每隔 76 年才能看见一次哈雷彗星将在操场上空出现。如果下雨的话，就让士兵穿着野战服列队前往礼堂，这一罕见的现象将在那里出现。"

　　连长立即执行值班军官的命令，对排长说，"明晚八点，哈雷彗星将军穿野战服在礼堂中出现，这是每隔 76 年才出现的事，如果操场上下雨的话营长将下达另一个命令，这种命令每隔 76 年才会出现一次。"

　　排长立即执行值班连长的命令，对班长说："明晚八点，营长将带着哈雷彗星在礼堂中出现，这是每隔 76 年才出现的事。如果下雨的话，营长将命令彗星穿上野战服到操场上去。"

　　最后，班长对士兵说："在明晚八点下雨的时候，著名的 76 岁的哈雷将军将在营长的陪同下身着野战服，开着那辆彗星牌汽车，经过操场前往礼堂。"

课堂提问

在命令发布过程中出现了什么问题？

这个问题在我们现实生活中常见吗？在企业中会出现吗？

课堂启示

在日常生活中，我们经常会遇到"沟通漏斗"，即信息在传递过程中失真的问题。在企业经营中，没人能保证企业不会发生像哈雷彗星通知这样的笑话。一旦信息失真，员工执行就会大打折扣，生产效率会大大下降，企业效益会大受影响，严重时会造成企业倒闭。当追究起责任时，大家就会互相埋怨，进而会直接影响人际关系。所以一定要掌握一些沟通技巧，争取让这个沟通漏斗"漏"得越来越少。

知识探究

一个完整的沟通环节包括倾听和表达。我们常以为自己全部听懂、听明白了，而实际上在我们的日常生活和工作中，常会出现信息流的遗失和错位问题，即沟通漏斗。沟通漏斗就是人与人沟通时，一个人通常只能说出预想的80%（因为有一些信息讲述者本人默认对方知道而略去不讲，但其实对方不一定知道），对方听到的最多只能是60%，听懂的却只有40%，执行时只有20%。也就是说，一个人所说的80%，对方只能执行到20%，如图3-4所示。

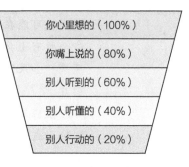

你心里想的（100%）

你嘴上说的（80%）

别人听到的（60%）

别人听懂的（40%）

别人行动的（20%）

图3-4 沟通漏斗

课堂小练习

本练习名为"商店打烊时"，可以帮助同学们感受这种沟通漏斗。

请同学们分小组，每组6~8人。同学们按小组依次排开，每组第一位同学上台领取一个小纸条，给1分钟阅读并记忆纸条内容，然后老师将纸条收走。请每组第一位同学回到小组中，以"咬耳朵"的方式，将纸条内容悄悄告诉下一位同学，然后依次传递下去，直到每组的最后一位同学。然后请每组的最后一位同学上台分享他所听到的内容。

（传递内容如下：某商人刚关上店里的灯，一男子就来到店里并索要钱财，店主打开收银机后，收银机内的东西被倒了出来，那个男子逃走了，一位警察很快接到报案。）

在上面的练习中，几乎没有出现两个同学报出的答案完全一样的情况。可见在信息的传递过程中，大量的信息会遗失或错位，对企业的经营发展产生不利影响。那么如何最大程度上减少这种信息传递过程中的遗失和错位呢？

在某日本企业中，领导给员工布置任务，要讲五遍。

第一遍：领导描述这个任务是什么。

第二遍：让接受任务的员工重复一遍自己听到和理解的任务，也就是任务确认过程，这一步有助于提高沟通效率。

第三遍：问问员工是否知道做这个任务的目的？目的清晰，才能更好地发挥员工的主动性，且避免重复返工。

第四遍：问问员工这个任务可能遇到什么意外？遇到什么状况可以自己做主，遇到什么状况需要向领导汇报？帮助员工理清工作思路，有效地控制任务风险。

第五遍：问问员工针对这个任务的想法，如果是他自己做，会怎么考虑？有什么更好的想法和建议？把决定权交给一线员工，有的时候，一线员工的想法和做法可能更利于任务的实现。

当五遍结束之后，员工再去执行工作，就会最大程度地减少误差，避免动作变形，达到预期的工作效果。但在实际工作环境中，我们却常常听到有老板说："这事儿不要让我再说第二遍"，在沟通环节"偷工减料"，就会在后期工作执行过程中带来很多预想不到的麻烦。

因此，创业者在与工作伙伴进行一些重要沟通时，要做到以下几点：

1. 清楚沟通要点

每一个计划与指令都是有其要点的，我们要在与团队成员的沟通前，清楚这些要点，并在沟通中把要点讲清楚。例如，终端包装就是谈终端包装方式、终端包装达成率、终端包装费率等相应的执行要点和配套考评。这些要点显然需要成形在前，沟通清楚。

2. 选择性沟通

时间、地点、人物、事项是其中的四个重点。事前要清楚需要听懂和执行的是哪些事项和哪些人。在此基础上，再选择合适的时间和环境进行沟通，以让执行者听了就执行，而不是慢慢遗忘，让执行者在一个较少干扰的环境下能更好地听懂及理解我们的指令。

3. 多种形式沟通

集体沟通、分众沟通、会议沟通、语言沟通、邮件沟通、书面沟通、文件沟通等，都是可以选择和组合运用的沟通形式。

4. 讨论中沟通

明确要点、阐明要求，经过充分讨论，深入交流，让创业伙伴进一步明确我们指明的方向、要求的速度、规定的标准，行进在正确的执行道路上。

5. 节点及关键点沟通

每一项执行计划及指令，都存在它的关键时间节点，以及影响执行成效及成败的关键绩效点，这是管理者们需要强化管控的，其中非常重要的一点就是强化在这些节点及关键点上的沟通。例如，在一个时间节点快来临时，向团队成员强调重点，沟通进度、梳理困扰，给予一定的答疑解惑及其相关支持。在关键点上，沟通执行过程及问题，掌握进度，强调标准与要求。

 讨论与思考

将同学们两两一组进行分组。请其中一位同学扮演企业的创始人，另外一位扮演合伙人。创始人现在要开展校园纪念品项目，他有初步想法想和对方沟通。请创始人构思 1 分钟，然后开始向合伙人陈述。

请合伙人重复创始人的思路要点。创始人要判断，合伙人接收到了百分之多少的信息？其中是否有错漏？

请创始人结合课堂所学内容，运用多种手段提升沟通的有效性和信息的完整性。请写下你运用的方法。

延伸阅读

商业谈判中的有效沟通基本原则

1）始终保持沟通。

2）倾听并提问。要想说服对方，你必须先听他们在说什么，通过提问表示对他们观点的兴趣。

3）尊重而不是责怪对方。责怪会使对方表现得更加消极。

4）经常总结。对你听到的内容进行总结，再用自己的话说给对方听，既表示尊重对方，还可以确保你们双方的理解一致。

5）进行角色互换。它能让你更清楚地了解对方的观点，以及他们的压力和感受。

6）平心静气。如果有人对你说："你是个白痴吗？"你的反应会是什么？大多数人会说："你才是白痴呢！"可是这样的反应是错误的。正确的反应是："你为什么认为我是个白痴呢？"这能让你获得有利于谈判的信息。出色的谈判者头脑都极其冷静，面对对方的责难，他们会选择继续获取信息。

7）明确目标，要为了你的谈判目标而沟通。

8）在不损害双方关系的前提下坚持自己的立场。

9）寻找不起眼的小信号，如果你仔细观察和倾听，大多数人都给出了用以说服他们的方法。

资料来源：《沃顿商学院最受欢迎的谈判课》，作者戴蒙德。

3.2.2　倾听工具：3F 原则

案例分析

某商人刚关上店里的灯，一男子就来到店里并索要钱款，店主打开收银机后，收银机内的东西被倒了出来，那个男子逃走了，一位警察很快接到报案。请同学们完成表 3-1 的试题。

表 3-1　试题

问题	正确	错误	不知道
1. 店主将店内的灯关掉后，一男子到达			
2. 抢劫者是一男子			
3. 来的那个男子没有索要钱款			
4. 打开收银机的那个男子是店主			
5. 店主倒出收银机中的东西后逃跑			
6. 故事中提到了收银机，但没说收银机里具体有多少钱			
7. 抢劫者向店主索要钱款			
8. 索要钱款的男子倒出收银机中的东西后，匆忙离开			
9. 抢劫者打开了收银机			
10. 店内灯关掉后，一男子来了			
11. 抢劫者没有把钱随身带走			
12. 故事涉及三个人：店主、一个索要钱款的男子以及一个警察			

在完成表 3-1 后，请在小组内部分享彼此的答案，看是否有同学得到一致答案？

再对照表 3-2 中的参考答案，看自己的答案是否准确？

表 3-2　参考答案

问题	参考答案
1. 店主将店内的灯关掉后，一男子到达	不知道（商人不等于店主）
2. 抢劫者是一男子	错误（索要钱款不等于抢劫）
3. 来的那个男子没有索要钱款	错误
4. 打开收银机的那个男子是店主	不知道（店主不等于男性）
5. 店主倒出收银机中的东西后逃跑	不知道
6. 故事中提到了收银机，但没说收银机里具体有多少钱	正确
7. 抢劫者向店主索要钱款	不知道
8. 索要钱款的男子倒出收银机中的东西后，匆忙离开	不知道
9. 抢劫者打开了收银机	错误
10. 店内灯关掉后，一男子来了	正确
11. 抢劫者没有把钱随身带走	不知道
12. 故事涉及三个人：店主，一个索要钱款的男子以及一个警察	不知道

课堂提问

全班是否有人的答案一样？

同样阅读一段话，为什么大家的答案会不一样呢？

案例启示

本案例跟 3.2.1 中名为"商店打烊时"的课堂小练习是一体的。我们发现有声语言在沟通过程中存在着遗失和错位的问题。阅读同样一段话，每个人解读到的信息不一致。说明在理解信息这个环节，每个人都有自己的个性化解读，我们需要学习和思考如何做到更有效地倾听。

知识探究

沟通中的第一个环节是倾听，确保信息在传递过程中没有遗失和错位，这只是倾听的基础。在倾听过程中，我们的大脑会即时对信息做出处理，然后进行反馈。这个处理过程中加入了大量已有的情感、知识、经验、动机等，于是同样的信息流经过，每个人会得到不同的信息结果（见图 3-5）。文学评论家所说的"一千个读者，有一千个哈姆雷特"就是这个意思。

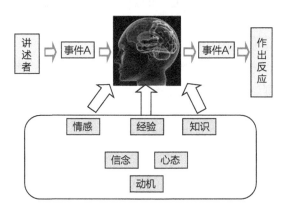

图 3-5　倾听时大脑对信息做出处理

为了做到有效倾听，更好地对信息做出反馈。我们有一个倾听原则，即 **3F** 原则，即听到对方讲的 **Fact**（事实），**Feeling**（感受）和 **Focus**（意图）。

1. 倾听事实（Fact）

不用自己的想法和固有观念对对方的话进行判断，客观地接受对方谈话中的信息。很多人在听了对方的话之后，会根据自己固有的思维模式对对方的话进行判断，从而容易误解对方的话。这时，需要我们从对方的话中倾听事实，不要做任何判断。那么该如何区分事实和判断呢？

举例：

昨天，我的老板冲我发火。（事实）

昨天，我的老板无缘无故冲我发火。（判断）

事实就是客观存在，而判断是有了你的主观想法。

再如"领导在说话的时候有意在讽刺我"就是判断。

所以，当我们在倾听的时候，加入了我们的判断，我们就很难再保持独立的思考，有可能造成对方要表达的意思跟我们的判断完全相反的情况，那么这样的沟通就是很困难的。

2. 倾听感受（Feel）

在这个阶段，我们需要跟对方感同身受。如果无法理解对方的感受，就很容易陷入沟通的对立面。我们很容易受对方语言、表情的影响，往往无法做到感同身受。无法跟对方感同身受，两个人就像两条平行线，永远没有交集点。

3. 倾听意图（Focus）

在这个阶段，我们要了解对方真正的意图是什么。每一个人做每一件事，说每一句话，其实都有一个积极的、正面的意图。我们要学会倾听对方正面的意图是什么。

举个例子来说明 3F 原则的具体应用。

来访者说："我老板脾气特别暴躁，好几次在会上批评我，真的好没面子。"

回应 1："是吗，那这位老板通常都是因为什么原因批评你呢？"

回应 2："哦，那你有没有主动和他沟通过，让他知道你的感受？"

回应 3："嗯，我能了解，我也遇到过这样的老板，确实很伤人。"

看上去，上述回应都可以使聊天继续，但不同的回应可能使对话的走向完全不同。

按照回应 1，我们就开始探究他被批评的原因了，本来来访者就是带着"一万点伤害"来找你的，现在还要开展自我批评，什么感受？憋屈啊。

按照回应 2，我们其实是在建议他去主动沟通了，也许最后他确实也会这么做，但是我们忽略了他当下的情绪：我才不想跟老板说话！

按照回应 3，可能要继续听 15 分钟的"吐槽"。

那么，按照 3F 原则的倾听方式，我们应该怎么回应呢？应该是这样：

"听上去，你的老板有点直接，有几次在会上批评你，让你觉得有些尴尬和生气，你希望能够得到他的尊重，是吗？"

其中，"老板有点直接，有几次在会上批评你"是复述一下事实，值得注意的是在这里可以将脾气暴躁换一种说法，因为这是来访者的评论，未必是事实；然后要将来访者没有表达出来的感受说出来，如"尴尬""生气"；最后，要点出来访者说这件事的意图，意图应该是积极正向的，反映更深层次需求的，用"希望得到尊重"，就会比"希望老板不要再这样对待你"更好。

这样的回应就有了三个妙处：

我听到了你说的这件事，但又提醒了你，要注意事实的客观性。

我体会到了你的感受，我是理解你的。

你希望得到尊重，这样的愿望当然是好的，或许我们可以接着讨论，该如何获得尊重。

这就是要用 3F 原则的原因，一方面让我们知道，听的时候要听出哪几个要点（事实、感受、意图）才能给出更好的回应；另一方面也使我们传递给来访者这样的信息：我是和你站在一起的，你是安全的、被理解的、被支持的。

3F 原则在处理一些人际纠纷的时候非常适用，如员工彼此之间有误解，与合作伙伴有冲突等。好的倾听方式能安抚对方的情绪，而心平气和、情绪稳定是有效沟通的重要基石。

讨论与思考

活动：用心倾听

请同学们两两一组，由其中一位同学向对方讲述一件让自己很烦恼的事情，由另一个同学来倾听。结束后，请倾听者写下你所听到的事实、感受、意图。

Fact（事实）：

Feeling（感受）：

Focus（意图）：

书写完毕之后，请讲述方看记录，并给予星级评价（1~5 颗星，最佳 5 颗星），你可以拿到几颗呢？

 延伸阅读

3F 原则使用技巧

一、区分事实和判断

1. 区分自己的事实和判断

生活中，我们是很习惯评论的，如"我这个人太懒了""他很现实""你很可爱"。一旦我们先作出评论，就难以观察到客观事实了。面对来访者时，你会不会也先对他作出一个评论？例如，"这孩子有点理想主义，得让他明白江湖险恶"，所以并没有用心倾听他的理想；"这姑娘太玻璃心，应该坚强一点"，这就忽略了她真实的烦恼。

2. 区分来访者的事实和判断

例如，"员工都喜欢偷懒"，这是来访者对所有员工的评论，但不是事实，我们只能了解他观察到的事实，而不能轻易地相信他的评论，否则就容易陷入来访者的"困局"。

二、重视自己的感受，才能听见别人的感受

我们习惯评论，却不习惯表达感受，一来，这是我们含蓄的文化造成的，好像说出感受是让人难为情的事；二来，比起感受，我们更重视一件事的是非对错。然而感受才是真实的，是未被满足的期待。来访者常常口若悬河说他的想法，却未必能准确地说出感受，这需要我们去观察和体会，一个重视自己感受的人，才能听见别人的感受。

三、你是否相信，问题背后总有一个积极的意图？

我们需要相信，问题的背后总有一个积极的意图。因为人们说到善良美好的事物（如信任、宽容、蓝天、白云等）时会心情愉悦，当我们帮助来访者表达出一个积极的意图时，他就有可能转向积极的一面，采取积极的行动。

倾听，原本就是一种态度、一种智慧。

｜本节小结｜

在沟通中首先要做到的是有效倾听。有效倾听的基础是尽量保证信息流的完整性，在此基础之上，再倾听事实、感受、意图。然后我们才能对信息进行更好的处理，更积极有效的反馈。不急于评判，不急于下结论，用空杯去承载，反复确认信息流，才能成为一个好的沟通者。

3.3　有声语言沟通中的表达

3.3.1　个体沟通工具：GROW 模型

｜案例分析｜

小贾是公司销售部的一名员工，为人比较随和，不喜争执，和同事的关系处得比较好。但是，前一段时间，不知道为什么，同一部门的小李老是和他过不去，有时候还故意在众人面前指桑骂槐，两人合作的工作任务也都有意让小贾做得多，甚至还抢了小贾好几个老客户。

起初，小贾觉得都是同事，没什么大不了，忍一忍就算了，但是看到小李如此嚣张，小贾一赌气，告到了经理那里。经理把小李批评了一通。从此，小贾和小李成了绝对的冤家了。

课堂提问

如果你是小贾，你会怎么办呢？

如果你是公司经理，你会如何沟通以避免这种情况呢？

案例启示

在案例中，小贾应该考虑是否和小李有什么误会，应该主动真诚沟通，而不是一味忍让。忍无可忍后，小贾选择了向主管告状，而主管也未做到"对事不对人"，加剧了两个人的矛盾。作为主管，应该用心倾听小李的心声，找出症结所在，重新帮他们梳理岗位职责和个人目标，最终在更高层次上达到互信和解。

知识探究

在团队管理中，领导者的一个重要角色就是要指导员工，帮助他们做出更好的决定，呈现更佳的状态。帮助他们成长，也就是帮助企业自身成长。特别是初创企业，面临很多的挑战，要迎难而上，很多问题是超出团队成员已有经验和认知的，需要提出创造性的解决方案。作为创始人，不能事必躬亲，也不应该事必躬亲，要学会授权和指导。很多时候需要一对一的沟通和交流，去帮助团队伙伴重整旗鼓。

沟通包括了倾听和表达。GROW 模型就是一个非常好的表达工具，GROW 模型是英国学者约翰·惠特默在 1992 年提出的，顾名思义就是"增长模型"，就是不断促进员工成长的工具，现已成为企业教练领域使用最广泛的模型之一。基本的 GROW 模型来自于一个决策四阶段的模型英文缩写，即 Goal（目标）、Reality（现状）、Option（方案）、Will（意愿）这四个英文单词的首字母，GROW 模型如图 3 - 6 所示。

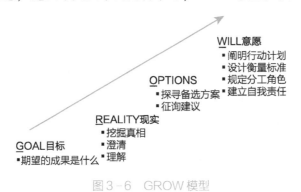

图 3 - 6　GROW 模型

1. 确立目标

Goal，即目标，通过领导者一系列启发式的问题帮助员工找到自己真正期望的目标。其次，确定的目标一定要遵循 SMART 原则，也就是一个具体的、可衡量的、可实现的、现实的和有完成期限的目标。

这个步骤中，领导者可以问以下参考问题：

你的目标是什么？

如果你知道答案的话，那是什么？

具体的目标是什么？

什么时候实现？

实现目标的标志是什么？

如果需要量化的话，拿什么量化你的目标？

2. 检查目前的状况

Reality，即事实，围绕目标搜索相关事实，这个过程需要领导者帮助员工拓展思路，找到超出自己目前所能看到的内容和维度，发现更多的可能性，从而走向第三步。

这个步骤中，领导者可以问以下参考问题：

目前的状态是什么？

你如何知道这是准确的信息？

这是什么时候发生的？

这种情况发生的频率如何？

你都做了些什么去实现你的目标？

这件事情和谁有关？

他们分别是什么态度？

是什么原因阻止你不能实现目标？

和你有关的原因有哪些？

当目标不能实现的时候你有什么感觉？

3. 寻找最佳方案

Option，即方案的选择，由于员工看到了更大的现实可能性，从而开启思路探索到更多的可选择方案，最终找到最佳的比较方案。注意在这个阶段你可以提出自己的建议，但不要替成员做出决定，重要的是引导员工走上正确的方向。

这个步骤中，领导者可以问以下参考问题：

为改变目前的状况，你能做些什么？

可供选择的方法有哪些？

你曾见过或听过别人有哪些做法么？

如果……会发生什么？

你认为哪一种选择是最有可能成功的？

这些选择的优缺点是什么？

请陈述你觉得采取行动的可能性，打分。

如果调整哪个指标，可以提高行动的可能性？

4. 建立意愿

有了目标和方案之后，还不够，还需要团队成员致力于具体行动，以便朝着他的目标前进。这需要团队领导来增强他们的意志，坚定他们行动的信心。

这个步骤中，领导者可以问以下参考问题：

下一步是什么？

何时是你采取下一步的最好时机？

可能遇到的障碍是哪些？

你需要什么支持？

谁可能对此有帮助？

你何时需要支持，以及如何获得支持？

GROW 模型使用的前提是基于对人的潜能的相信。要在这个过程中将指导变为提问。因为指导会容易使团队成员感到被指责，指责会引起对方的防卫。而提问带来思考，思考带来觉察。例如，将"为什么不试试新的方法？"换为"是什么原因让我们没有尝试新的方法？"最重要的是在这个过程中帮助团队成员提高自我认知、建立自我责任。

 讨论与思考

如果你是案例分析中小李的主管，请尝试用 GROW 模型与小李进行沟通。请将你主要的沟通思路写在下面：

延伸阅读

GROW 模型的表达对使用氛围有一定要求，即双方都是在比较心平气和的状态下进行的沟通。那发生激烈冲突时，怎么沟通呢？对方情绪很低落、很激动、很烦躁时，该如何沟通？这里有一个小技巧叫"先跟后带"。所谓"先跟"，就是先跟随、肯定对方的情绪和想法中的积极面；"后带"就是待对方情绪稳定一些后，再用有声语言、身体语言带领和引导对方。"先跟"包括下列方式：

1）肯定对方说过的话。

2）肯定对方的情绪。

3）肯定对方的动机。

4）从对方的角度去肯定。

5）承认总有新的，或未曾想过的可能。

3.3.2   团体沟通工具：沟通视窗

案例分析

1990 年 4 月 24 日，哈勃空间望远镜升入太空。查理·佩勒林是当时 NASA（美国国家航空航天局）天体物理部门的负责人。一次，查理参加电视台夜线栏目，主持人问："会顺利运行吗？"查理表达了对团队充分信任，但是其实是心存疑虑的。

结果哈勃空间望远镜出现球面像差，查理不相信，因为一个微小却很明显的错误，遭到各方质疑和嘲笑。

哈勃空间望远镜飞行系统经理把失败归咎于自己，几个月后去世。

老板兰恩命艾伦将军组织专家，查找问题出现的原因。

经调查，表象原因是矫正器出现偏差，实际原因是预算少，工期短，承包商拼命赶进度，他们不向 NASA 报告问题，厌倦了被 NASA 指责，两者之间出现了敌对情绪。

课堂提问

为什么查理在望远镜升入太空前就心存疑虑？

如何避免团队中出现这种敌对情绪？

案例启示

案例中的错误"矫正器出现偏差"，就如同"房间中的大象"。对于承包商而言，这是一个大家都知道的问题，但是他们不想再因工期和预算问题被责骂，因此选择致命的"沉默"。除了流程上的不规范，监督不到位，一个很重要的原因是团队的沟通氛围出了问题，团队成员不愿坦诚地交流。

知识探究

除了一对一的沟通，团队的整体沟通氛围也非常重要。如何保证团队之间交流的

顺畅呢？有一个工具叫作"沟通视窗"，可以帮助到我们的创业者。沟通视窗又叫
"乔哈里视窗"（Johari Window），是一种分析工具，把人们工作、生活中的事情分为
四块，代表四个不同的种类，在一起构成了一个"视窗"。沟通视窗中的四个象限代
表了我们遇到的四种不同情况，需要分别处理，各有其特色，如图 3-7 所示。

1. 公开象限

顾名思义，公开象限是自己知道、别
人也知道的内容。在初创团队中，公开象
限最大的往往是创始人。他们频繁露面参
加团队的公开活动，发表演讲、出席仪
式，这些都是扩大自己公开象限的过程，
以便让大家更多地了解自己，并进一步了
解公司的理念和主营项目。

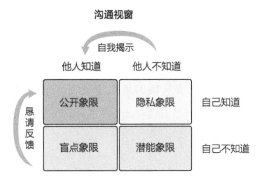

图3-7　沟通视窗

2. 隐私象限

隐私象限是自己知道、他人不知道的部分。人人都有隐私，还有一种隐私是我们
忘了说的秘密。在与人交流的过程中，我们经常会陷入这种困局。我们自己会觉得自
己说的话、做的事没问题，但是会让他人迷惑不解，很多的误解由此产生。

3. 盲点象限

盲点象限是我们自我认识中的黑暗地带，指的是他人知道、我们自己不知道的部
分。不识庐山真面目，只缘身在此山中。消除盲点象限，需要借助他人的帮助，由他
人说出我们自己没有注意或者无法发现的盲点。

4. 潜能象限

潜能象限是我们自己不知道、他人也不知道的部分，代表着我们的潜力。潜能象
限是这四个象限中最大的一部分，每个人的潜能都值得去努力挖掘。

如何扩大公开象限呢？

在团体的沟通中，领导者需要做的就是尽可能扩大团队中的公开象限。当公开象
限越大，我们对彼此的熟悉程度越深，关系也会越发亲密，很多沟通问题也就迎刃
而解。

这就需要将其他三个象限的区域转化为公开象限。

把隐私象限转化为公开象限，采用的方法是"自我揭示"，即主动向他人袒露自
己的故事、自己的想法，让别人多了解自己。

把盲点象限转化为公开象限，采用的方法是"恳求反馈"，请求他人指出自己的
盲点，虚心聆听别人的意见和建议，兼听则明。

在领导层面上，要多注重非工作场合的沟通和交流。如果工作伙伴的沟通内容仅

仅局限于工作，那么彼此之间的关系就缺乏了一定的温度。可以举办一些交流活动，如聚餐、爬山等有益身心的活动，关心工作伙伴的家人和朋友等，都会扩大公开象限，让团队的沟通更顺畅，氛围更融洽。

 讨论与思考

　　假如你是初创团队负责人，团队成员彼此之间还不是很熟悉，你会通过哪些方式让团队的沟通氛围更好？请列举在空格处，并和小组成员交流。

延伸阅读

　　每个管理者身上都有三个角色：领导者、管理者、执行者。只有分别发挥好这三个角色，才能带来领导力的提升。三种角色的比重、三种职能发挥水平的高低，决定了管理者的三个层次。

　　1. 领导者的角色

　　领导者是通过营造氛围来提升绩效的人。管理团队时，团队的氛围非常重要。氛围好，团队的凝聚力强，工作效果就好。反之，如果团队氛围不佳，工作产出也不会好。

　　2. 管理者的角色

　　管理者是通过别人来完成工作的人，只有明确了这个定义，才能避免"事必躬亲"的错误做法。凡事都要亲力亲为的领导者，不是优秀的领导者。凡事亲力亲为，员工的创造力和活力会被压制，领导者的精力也不足以承担，最后的结果是毁灭性的。

　　3. 执行者的角色

　　执行的核心定义是给出结果。在日常的工作中，有太多的执行者只是"执行"命令、完成既定的动作，却没有给出相应的结果，没有产出。这样的执行是无效的，而且会伤害团队。优秀的执行者需要认真执行，给出结果，同时及时对工作内容本身进行反馈，形成自己的认识和见解。

　　　　　　　　　　　　　　　　　　　　　资料来源：《可复制的领导力》，作者樊登。

本节小结

　　沟通中的表达是基于有效倾听基础上的交流和反馈。表达的方式有一对一的表达，也有面向团队的表达。这都需要相应的技巧和方法。GROW 模型、沟通视窗这些工具需要在实践中不断地训练，然后再思考和总结。相信良好的沟通能力，不仅可以为事业助力，也会为生活增添更多幸福感。

【创业型领导力提升计划书】

　　请完成附录 A：《创业型领导力提升计划书》中的第三部分——提升我的创业者沟通力、第四部分——我的未来和第五部分——我的宣言。

第 4 章　规划团队事业蓝图

|案例分析|知识探究|讨论与思考|延伸阅读|

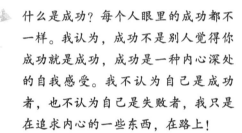

什么是成功？每个人眼里的成功都不一样。我认为，成功不是别人觉得你成功就是成功，成功是一种内心深处的自我感受。我不认为自己是成功者，也不认为自己是失败者，我只是在追求内心的一些东西，在路上！

——雷军

 | 本章导读 |

要规划团队事业蓝图，首先要明白什么是事业。本章从事业的定义入手，深度解析单一事业的组成，帮助同学们建构基本的事业蓝图，进而掌握事业的生命周期，对事业的发展有科学宏观的认知，能够运筹帷幄，为事业的发展走势把脉。

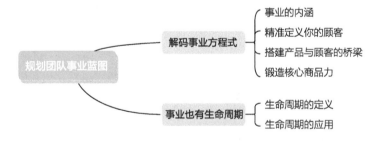

 | 能力目标 |

- 能够掌握事业方程式的内涵，提升自己对于事业的洞察能力。
- 能掌握事业生命周期图内涵，提升自己的科学决策能力。
- 能灵活运用生命周期图，提升自己对于事业的宏观把控能力。

4.1 解码事业方程式

4.1.1 事业的内涵

案例分析

　　小黄是大学三年级的学生，并且是学校学生组织的干部。通过几年的大学生活，他发现了一个困扰很多大学生的问题，即食堂就餐问题。就餐高峰时期食堂非常拥挤，要排很久的队，夏天感觉很闷热。同时由于自己当学生干部经常要开会、搞活动，时常错过到食堂吃饭时间。而同寝室一些比较"宅"的男生，如果没课，也经常懒得去食堂吃饭。怕排队拥挤的、错过食堂就餐时间的、懒得下楼的同学很多时候会点外卖，但是外卖价格比食堂价格高，并且食品卫生品质没保证，不是长久之计。小黄想，如何能够有一种专门将食堂饭菜快递到宿舍楼下的方法就好了，既省去了排队的麻烦，也能够不受食堂供饭时间限制。于是，他招募了一群小伙伴，研制了一款能够保温的快递柜，并与食堂联络沟通，解决食品供应问题，又招募伙伴解决物流问题。经过一番努力，"懒懒送"项目正式推出了。

课堂提问

1. 小黄这个"懒懒送"项目的诞生有哪些关键点？
2. 你觉得这个项目能成功吗？

案例启示

　　在这个案例中，小黄首先是从消费者的需求出发的，他看到了校园中学生食堂就餐的种种困扰。满足消费者的需求是一个项目能够在市场上站稳脚跟的前提和基础。如果没有顾客买单，单纯凭自己的爱好和兴趣而做的项目很难获得长久发展。因此，一个项目诞生的第一步，首先要找到未被满足的市场需求。

知识探究

　　《现代汉语词典》将事业定义为人所从事的，具有一定目标、规模和系统而对社会发展有影响的经常活动。很多时候，人们将事业多理解为个人的成就。人们常说，我们要拥有自己的事业，这个"事业"是很高层次的概念，一个人可以一辈子为之奋斗，终其一生去为实现自己的事业而坚持不懈地努力。

在企业经营中，我们将事业理解为一个有生命周期、有自己特性的单一项目。

企业是由复数的事业构成，事业本身有生命周期，但是企业有自己的独立人格，想要追求持续性的经营和"长生不老"，这就要求企业要有复数的事业，并且事业要不断地进化。因此：

企业是由复数的事业构成的，没有事业的进化，就没有企业的成长和发展。

在上述案例分析中，小黄的"懒懒送"项目（见图4-1），首先是发现了一个特定客户群的需求，然后通过研发一个能够保温的快递柜，再通过解决供应链、物流等问题，打通所有环节，最终成了一个可以满足市场需求的项目，成功进入市场，并获得了同学们的青睐。

我们将以上关键点进行提炼和总结，这其中包括了顾客群体、能够满足顾客需求的产品和服务，以及通过一定的渠道和物流将产品和服务提供给顾客的方式方法。总结可得出事业的方程式：

事业＝顾客特性×商品力特性×业态特性

顾客特性包含了顾客层和顾客机能，是对所针对的特定顾客群的顾客需求和特点做出的界定。

商品力特性是顾客决定是否购买我们产品或者服务所有要素的综合。

业态特性就是将商品提供给顾客，不断地创造满足顾客需求的方式方法的体系。

图4-1   "懒懒送"项目研发的
保温快递柜

事业就是将上述三个要素有机结合形成的活动实体，这三个要素之间是相乘的关系，缺一不可。这三个要素只要有一个要素发生基本性的变化，就意味着一个新事业的诞生。例如，一家服装企业所面对的顾客是20~25岁的女性顾客，提供的商品力是时装，业态有实体店铺和网店。因此在该企业中就存在两个事业，分别是"20~25岁女性顾客×时装×实体店铺"和"20~25岁女性顾客×时装×网店"。

讨论与思考

阅读以下案例，尝试梳理海尔是如何发掘小型洗衣机这个事业的，对你有何启发？你能用事业方程式来表述这个事业吗？

1996年10月，海尔集团推出了迷你型"小小神童即时洗"洗衣机。从那时起，在中国家电市场上一直持续着当时少有的热销现象，问世仅短短的 1 年零 8 个月，销量便突破了 100 万台，这被业界称为"小小神童现象"。

"小小神童"的问世，源自一位上海女顾客给海尔的一封信。这位顾客在信中抱怨，现有市场上众多品牌的洗衣机，几乎都是大容量洗衣机。而许多城市家庭是三口之家，平时一家人换下的衣物并不多，特别是在夏季，每天就只有几件单衣，用这种大容量洗衣机洗，耗水、耗电、费时。

这是一个难得的市场信号。这个信号通过"海尔洗衣机每日信息网"传到了海尔总部决策人那里。海尔敏锐地抓住这一信号，并对市场进行了大量的调查研究，发现城市家庭普遍存在着对现有洗衣机类型的不满，有小型即时洗洗衣机的共同需求。在对洗衣机市场进行总体细分的基础上，他们明确这是洗衣机市场的一个空白点，是一个很有发展潜力的潜在市场。

延伸阅读

每一个事业要素的改变都会成为一个新的事业，一个貌似传统的行业，若对其中的商品力或者业态进行改变，都能催生出新的事业、焕发蓬勃的生机。对于初创企业来讲，从零开始会面临很多挑战，因此选择一个成熟行业，切入细分市场，并且通过调整或者改变其中的要素诞生新事业，不失为一个聪明的选择。

海尔企业的转型升级

如果一个传统制造企业想要转型升级，可以用大数据驱动优化生产的流程，结合"互联网 + 智能制造"，利用电子商务拓宽销售渠道等。

大家心目中的海尔是生产冰箱的企业，其实海尔每隔七八年，就会做一次自我革新。

第一个七年，把"海尔"打造成一个知名的品牌。

第二个七年，多元化战略，从生产家电拓展到了其他的业务。

第三个和第四个七年，国际化战略，做全球品牌。

最近的七年，从 2012 年始，海尔正式进入互联网时代的战略转型。

经过多轮蜕变，如今已看不见海尔集团的边界在哪里了。

有个很高档的厨具和洗衣机的品牌，叫卡萨帝，这名字据说源自意大利，产品做得非常有设计感，价格也高。

如果你到农村，你会发现老乡们用的电冰箱、洗衣机、抽油烟机都是一个品牌，叫统帅。

其实上述都是海尔的品牌。海尔创始人张瑞敏在做的事不是简单的产品差异化，而是所谓的"去海尔化"。他要让大家忘掉海尔，通过更多不同品牌才能够形成"生态"。他说："能充分利用网络技术的企业，会比过去跑得更快，但是要比对手跑得更快，就必须创新。"基本上人们能够想到的制造业升级手段，如智能制造、"互联网＋"，海尔都已经尝试过。要想长期和互联网公司"对抗"，就得学会互联网的"打法"。

资料来源：搜狐网《传统企业如何转型升级?》，作者锦衣夜行人。

4.1.2　精准定义你的顾客

案例分析

在上文案例中小黄同学在开展自己的"懒懒送"项目过程中，不断仔细观察自己的消费群体，发现一个有趣的现象，除了学生干部和玩游戏的"宅男"之外，还有很多女生也是自己的顾客，原因在于女生如果去食堂吃饭要换衣打扮，而在楼下快递柜拿食物，就省去了这些麻烦。

课堂提问

同学们是否能结合自己的经验和观察，对"懒懒送"项目的消费群体进行一些刻画。

案例启示

当项目要为一个群体提供服务的时候，需要对这个群体的生活习惯、性格特征、消费水平进行一个初步的描述和定义，这样才能为顾客提供更精准的服务。

知识探究

顾客特性是对特定顾客群的顾客需求和特点做出的界定，是每个事业开展的起点。首先要找到顾客在哪里？是什么样的人？有着什么样的需求？否则就不能设计和生产出被顾客喜爱的产品和服务。总结顾客特性的方程式如下：

$$顾客特性 = 顾客层 \times 顾客机能$$

1. 顾客层

顾客是谁？顾客即购买和使用我们产品的消费者。顾客包括了生活人顾客以及企业顾客。对于草根创业者而言，更多是服务于生活人顾客，也就是日常消费者个人。那么如何去界定我们的顾客呢？必须要做到"三到"的水准，即看得到、摸得到、感觉得到。在进行顾客层探索的时候，要呈现出顾客本身所具有的、能够体现出顾客自己特点的要素。例如，要找一个男朋友，就有必要罗列一下他的要素：性别、籍贯、家庭构成、年龄、民族、身高、性格、相貌、文化程度、职业、收入、兴趣爱好等，然后从以上的要素中选择 3~5 个你认为最重要的，明确优先顺序，再对这些要素进行形象化和量化分析。对于一个事业来说，也需要清晰地了解我们的消费者属性，从而找到市场中的细分群体，满足他们的需求。常见的顾客层分类及相关属性见表 4 - 1。

表 4 - 1　顾客层分类及相关属性

顾客层分类	顾客属性要素
生活人顾客	民族（汉族等） 性别（男、女） 年龄（婴儿、儿童、少年、中学生、大学生、中年人、老年人等） 职业（学生、干部、老师、工人、农民、军人、企业老板、演员、白领等） 生活方式（一家三口、丁克、四代同堂；朝九晚五、三班倒等） 购物方式（线上网购、线下实体店购买；冲动型消费、理性分析型消费） 收入（3000 元/月、5000 元/月、1 万元/月等）
企业顾客	规模（销售额规模、人员数规模等） 上级管理特性（国企、民企、外企等） 竞争能力特性（环保技术型、节能技术型、单纯劳动型、资金密集型等） 业态特性（贸易型、生产制造型、服务型等） 交易方式（赊销型、预收型） 区域（国内—华南、华东；国外：欧洲、美洲、非洲等） 渠道（展会销售、拜访销售、网络销售、电视销售、加盟代理商销售等）

根据以上关于顾客层的定义，上文案例分析中"懒懒送"项目负责人小黄对自己的顾客层进行了分析（见表 4 - 2）。

表 4 - 2　"懒懒送"项目顾客层分析

属性要素	形象化	量化
性别	不限	
职业	大学生	
年龄		17 ~22 岁
性格	没有耐性，喜欢方便，废寝忘食，喜欢"宅"	
身份	学生干部、游戏爱好者、"宅男"、部分女生	
生活习惯	生活极度规律，就餐时间短且不喜欢长时间排队或等待；生活极不规律，需要提前订餐	
外卖频率		每周点外卖 3 次及以上

2. 顾客机能

顾客机能即顾客的需求及其特点，顾客的需求包括经济性、品质性、便利性和情绪性（见表 4 - 3）。

表 4 - 3　顾客需求及其特点

顾客需求	特点
经济性	价格及其性价比（在同品质、基本所需功能上，价格便宜等）
品质性	功能及其质量（绝缘、耐热、净化空气、调节温度等）
便利性	支付便利、使用便利、处理便利
情绪性	喜、怒、哀、乐、酸、甜、苦、辣、惊、叹、惋（价值观形成的生活方式场景下的心理感受）

　　以一个学生真实创业项目为案例。小吴是一名大三的学生，即将要找工作，但因为他体型偏瘦，没有办法找到合适的正装去面试。他以前做过学校就业促进协会的干部，也参加过很多大型校园招聘会的服务工作，他深知一套非常得体的正装对于面试的重要性。作为一名普通大学生，因为定制一套西装的价格比较昂贵，所以想买到性价比高、适合自己的正装是很多人的"烦恼"。于是小吴想，他能不能创办一家可以帮助学生进行西装快速定制，同时价格又适中的西装店呢？经过一番市场调研，他觉得这个项目应该很有市场。于是他以这个创意进入了学校创意创业园进行孵化，公司起名叫"3'MINS"，意喻在 3 分钟内迅速帮你测量、定制合身西装。在创业园，每天最晚断电离开的企业，一定是"3'MINS"，因为他们要对第二天送达客人的衣服逐一检查，剪去每一根多余的线头。在他们的精心经营下，企业迅速实现了营收，并在学生群体中得到了广泛认可。随后他们将业务范围进行了拓展，面向更多有正装需求的人士，如年轻的职场办公族以及准备举行婚礼的新郎等。

　　针对以上案例，我们可以尝试梳理这个项目的顾客特性。光顾"3'MINS"的顾客大致分为三类：大学毕业生、都市办公族和新婚人士。其中大学毕业生占比达到了80%。他们对自己的顾客层做了以下的界定与划分（见表 4 - 4）。

表 4 - 4　"3'MINS" 项目顾客层分析

属性要素	形象化	量化
性别	不限	90% 为男生，10% 为女生
职业	房地产，汽车销售，金融行业	
年龄		19～22 岁
收入		毕业生：收入 1000～3000 元/月；初创业者 3000～8000 元/月
性格	对自己形象要求比较高，追求完美，在意别人对自己的看法，性格更加包容、和蔼	
文化程度	专科偏多	
生活状态	毕业生，向往生活	
兴趣爱好	听音乐、运动、散步等	

为了让项目更有竞争力，小吴仔细观察了自己的顾客群体，尽可能为消费者提供一些增值服务。他非常热情和耐心地为前来选购应聘服装的人提供穿搭建议等，甚至还给师弟师妹传授一些面试技巧和经验。他们热情、细心、周到的服务获得了同学们的认可。曾经有 25 个机电学院毕业生走遍学校周边四五家正装商店，最后还是回来选择"3'MINS"，他们给出的原因是："虽然你们贵了近一倍，但还是觉得你们的服务最好，而且我们的师兄也是推荐了你们，这是我们人生中的第一件西服，也不差这三四百元，就想买到自己喜欢的。"在这次销售服务中，"3'MINS"为 25 位同学预约时间，逐一贴心量体，并为 25 人量身定做了他们人生中第一套西服，其中一半人预约拍摄了证件照（免费）。随着这样的经验逐渐增多，小吴也越来越清晰自己项目的定位和核心竞争力。小吴对他们的顾客需求及特点与竞争者做了对比（见表 4 - 5）：

表 4 - 5　"3'MINS" 项目顾客需求特点分析

顾客需求	"3'MINS" 项目（西服）	竞争者（西服）
经济性	折后 880 元	折后 380 ~480 元
品质性	优质面料 + 量身定制 + 免费证件照	普通材质
便利性	购买方便、现取证件照、快速定制	学校周边（距离学校 1 ~2 公里）
情绪性	贴心服务、校友情怀	低

经过对比，可以很明显地看出，该项目的竞争优势并非在经济性上，而是在品质性、便利性、情绪性上做足了功夫，形成了很强的客户黏性，并与很多客户最后成了非常好的朋友，甚至客户在求职过程中遇到挫折时都会过来找他们聊聊。"3'MINS"准确把握住了顾客层和顾客需求，为他们提供了合适的产品与服务，得到了顾客的信赖和市场的认可。

 |讨论与思考|

练习：请使用本节所学习的顾客特性界定方法来界定抖音 App 的顾客，填写表 4 -6。

表 4 - 6　抖音 App 顾客层分析

属性要素	形象化	量化
性别		
职业		
年龄		
收入		
性格		
文化程度		
生活状态		
兴趣爱好		
……		

延伸阅读

海底捞成功的发展之道

餐饮行业存在比较明显的痛点。

痛点之一是标准化、规模化难。餐饮行业的进入门槛很低，上市餐饮企业屈指可数。中餐对厨师的依赖程度较高，且每个厨师的水平有差异，对火候、调味料的掌控均有区别，导致中餐的标准化较难，而标准化是规模化扩张的前提，只有解决餐饮行业的标准化，才能不断复制扩张。

痛点之二是众口难调，消费黏性低。消费者的口味差异较大，酸甜苦辣咸，人各有爱，征服消费者的胃相对较难。此外，消费者对口味的喜好也一直在变，2016 年调查显示，消费者偏爱的味道中，"甜"味占比最高，达 51.9%，而 2017 年消费者最偏爱的味道则转向"咸"味。餐饮消费还呈现出"尝鲜"和"吃腻"的特征，因此"尝鲜"和"吃腻"的特征使得餐饮消费黏性较低，回头客较少。

餐饮业痛点之三是食品安全难以保障。餐饮食品安全是头等大事，如何保障、如何让消费者吃得放心是众多餐企面临的难题之一。近年来食品安全事件频发，导致消费者对餐饮从业者失去信任，也给餐饮行业造成较大的冲击与伤害。

餐饮企业要想发展，就必须解决餐饮的这三大痛点，然后在扩张的过程中保证企业的食品质量以及重视用户体验，只有这样，餐饮企业才能走出区域的限制，走向全国，甚至世界。

海底捞是我国成功的餐饮企业之一，海底捞到底做了什么符合行业发展规律的事情，才能取得今天的地位？

海底捞的扩张模式——百分百直营。诚然，连锁加盟和特许经营模式会带来更多的资金和更快的扩张，但直营模式却更能守护住餐饮企业的立足之本，获得客户良好的口碑。

海底捞业务模式——供应链置于体外，专注餐厅经营主业。海底捞将采购供应链等环节置于体外关联方，使自身可以专注餐厅经营主业，提高市场竞争优势。在资金有限的前提下，海底捞选择了把资源使用在提升服务质量上，而把原料上的利润让利给各大供应商。在利润与品质之间，海底捞选择了品质。

海底捞的运营模式——服务为王。海底捞的服务是餐饮界的楷模，也一直被其他品牌所学习。海底捞在服务上是非常人性化的，例如，在等餐时给顾客提供免费涂指甲油、擦皮鞋等服务，暖心的服务积累了好口碑。顾客（被服务层）所感知到的就餐体验，包括服务、菜单，以及食材、餐厅氛围等层面，都是通过公司员工（执行层）来实现的。员工做好服务的动力来源于海底捞有公平的晋升机制以及薪酬制度，激励员工愿意付出、做好服务奉献。

资料来源：财经豹社《由海底捞成功案例分析餐饮行业发展之道》。

4.1.3　搭建产品与顾客的桥梁

 案例分析

疫情下的京东物流

根据京东平台公布的数据，2020 年 1 月 19 日至 1 月 22 日，每天有霍尼韦尔、3M 等各大品牌口罩 1580 万只急速进入京东仓库上架。3 天卖出 1.26 亿只口罩、31 万瓶消毒液、100 万瓶洗手液。仅 1 月 22 日一天，口罩的销量就比上月同期暴增 48 倍。

京东物流还依据不同的运输要求，累计为 400 多家机构运送物资接近 70 吨。随着疫情的发展，越来越多的线下商场店铺歇业，越来越多的民众用网购代替线下购物。对生活物资的需求高速增长，使得京东的生活物资成交额暴涨。

针对疫情影响需求暴增的现状，京东旗下的生鲜、七鲜超市、七鲜生活推出"春节不打烊，让消费者放心买新鲜食材"的活动。此期间，京东旗下生鲜成交额增长 215%，猪肉和禽蛋类成交额同比增长超过 400%，猪肉更是创造了历史新高，超过了 2019 年的 10 倍，京东生鲜品类中蔬菜是 2020 年春节期间成交额、销量增长最高的，成交额同比增长近 450%。

而这些物资在疫情蔓延之下，只能依靠平台的物流配送才能运抵用户手中，毕竟受这波疫情影响，三大电商企业均会有类似的增长速度，区别正在于物流配送速度带给用户的体验差异上。

如此大的物资运力，本身就对物流提出了高要求，更何况生鲜类食材对时效性又有极高的要求。在国内电商企业中，京东是唯一具备相应配套能力的企业，因而其在疫情发生之后，能够迅速从各大电商平台中脱颖而出，成为在这场疫情发生后电商企业中最鲜明的一面旗帜。

可以说，京东物流不仅对武汉当地疫情防控功不可没，更让京东平台在疫情发生期间在三大电商企业中独领风骚，发挥了不可替代的作用。

课堂提问

你如何评价京东物流在疫情期间的表现？

京东花大力气自建物流的原因是什么？

案例启示

一个完整的事业链条包含很多的环节，将满足顾客需求的商品和服务开发出来只是其中一个环节，还远没有到达终点。从产品到外包装的设计，从物料的选择和采购，从生产制作到物流运输，最终通过各种销售渠道将产品和服务送到顾客手中，这其中任何一个环节出现疏漏都会导致事业链条的中断。有些环节如果是核心竞争力，那么更应花重金打造，如京东自建物流。而在初创团队资源和人力有限的条件下，部分环节则可以通过协作分工的方式来完成。

知识探究

业态特性就是将商品力提供给顾客的方式方法的体系。这个体系由多个要素构成，并且各要素之间是相互关联、相互协调的。以上文"3'MINS"案例来说，这个西装定制项目的业态，就包括了服装的开发、服装的设计、原材料的采购、服装的制作、物流运送和店面销售。这几个要素环环相扣。值得注意的是，当核心的业态要素发生变化时，也就意味着新业态的诞生，而新业态的诞生也就意味着新事业的诞生。业态特性的方程式如下：

$$业态 = 开发 \times 设计 \times 采购 \times 生产 \times 物流 \times 销售$$

以上文中初创企业"3'MINS"为例，其业态分析见表4-7。

表4-7 初创企业3'MINS业态分析

业态要素	开发	设计	采购	生产	物流	销售		
						百货店	街铺	网店
事业1	●	●	●	外包	外包		●	
事业2								
……								

在整个业态的分布中，小吴根据自己的实际情况进行了选择。因为要打造自己的核心技术——西装定制，所以开发、设计、采购等环节都由自己完成。同时初创企业为了减轻资产和人力的压力，他选择将生产和物流环节进行外包，减轻企业的固定资产投入。由于他申请了创业园，有一家店面，所以他主要的销售途径是通过街铺来完成。

在整个过程中，经历了"创造顾客需求—对应顾客需求—满足顾客需求—提供给顾客"的全流程。由于零售业的核心环节是销售，如果将来小吴选择通过百货店，或者是网店来进行销售，那么就会成为他新的事业。

业态体系中的某个或者某几个组合由企业自己担当，其他业态则是通过外包、联合等方式来设定。对于每个环节，企业都会根据顾客需求的不同、自己竞争力的不同，来确定适合自己的业态形式。

"互联网+"模式就是销售业态的变革，从而造就了阿里巴巴、京东等企业。当

"互联网 +" 业态变得越来越普及，就意味着新业态的不断诞生，也就意味着新事业的不断诞生。当商品力同质化程度越来越高时，业态创新也就变得越来越重要。

 讨论与思考

1. 如果你是 "3'MINS" 项目的小吴，你要提升整个事业的竞争力，会尝试进行怎样的业态创新？

2. 请列举一些业态创新的例子。

 延伸阅读

新商业模式的四个入口

互联网的出现，改变了基本的商业竞争环境和经济规则，使得大量新的商业实践成为可能，一批新型的依靠商业模式创新的企业崛地而起。商业模式创新发挥着显著的 "倍增效应"。那么，如今又有哪些值得关注的新商业潮流？

新零售：电商将消失，线上线下融合才是未来。电商将消失，指的是电商未来将融入所有商业形态中，就没必要刻意提电商概念了。互联网产业与传统产业间的界限正不断消失，双方不再是谁颠覆谁的关系，而是你中有我，我中有你。

随着门店的增多，物流成本增高，企业会搭建自己的物流配送中心，加快商品周转，提高资金周转率，节约整体成本。纯电商的时代很快将结束，纯零售的形式也将被打破，新零售将引领未来全新的商业模式。而零售行业未来的大趋势就是，企业将以实体门店、电子商务、移动互联网为核心，通过融合线上线下，实现商品、会员、交易、营销等数据的共融互通，向顾客提供跨渠道、无缝化体验。

直达粉丝（D2F）：从经营商品，到经营人。Direct to Fan 是一种开始于音乐领域的商业模式，如今正被品牌商们广泛应用，主要形态是持续经营和粉丝的社群化关系，并将这种关系用于提升宣传和销售。新一代的网红，基本等同于生活方式的传播者，包括时尚、健身、宠物、美食、旅行等。引入网红直播之后，刺激了大量年轻用户群的消费，这也是网红电商受到追捧的关键因素。

共享经济：不只是车子和房子，共享成为新时尚。对于商圈经济体来说，共享大大地提升了顾客的黏性互动；对于商家们来说，效益也是显而易见的。顾客们享受了良好的服务，自然更加愿意下次光临了。低成本运作、庞大的共享市场，谁也不想错过。现如今有共享交通工具、共享充电，未来也将会产生更多的共享产品，更大化地满足顾客需求。共享经济会出现在衣食住行等方方面面，会更好地促进消费，更好地帮助创业者们开启新的创业新高峰。

全域营销：大数据驱动的智能营销，为新商业赋能。全域营销，即是全渠道、全触点营销模式，就是一种以消费者为全程关注点的消费者渗透模式，以数据为能源，实现"全链路""全媒体""全数据""全渠道"的营销方法论。未来营销，所有线上线下的客户服务、品牌体验、消费反映、互动，甚至是潜在客户的需求状态，都是透明可视化的。这些之前从来没发生过的，现在都做到了。

资料来源：汽车人俱乐部《未来已来！新商业模式的四个入口》。

4.1.4　锻造核心商品力

1996 年 10 月，海尔第一台开创洗衣机新风尚的迷你型即时洗衣机问世。洗衣机的问世，使消费者小到一双袜子，大到 1.5 千克以内的各种衣物均可随时洗涤，成功填补了市场空白，大受消费者欢迎。

但海尔人并不满足于现状，他们没有停止推动技术进步、使产品更加完善的步伐。在第一代"小小神童"十分畅销的情况下，1997 年 2 月，海尔新一代甩干型"小小神童"全自动洗衣机又问世了。这种新型洗衣机在原有机型上增加了甩干脱水功能，而且这种新机型首次采用的"冲击水流"设计使"小小神童"实现了最佳的洗涤效果。

借助高科技手段，海尔人继续攻关。1997 年 10 月，海尔推出了无孔脱水"小小神童"全自动洗衣机，它采用无孔脱水设计，洗衣机内桶为镜面不锈板，桶壁无孔，脱水时水爬桶壁而出，提高了漂洗效果。而且，由于它利用先进的泵提升原理设计的波轮，洗涤剂也随之减少，从而达到了节水和环保的目的。渗透，则使污垢在正式洗涤时更容易除掉，使衣物洗净度大为提高。

1998 年 2 月，海尔洗衣机再创技术新成果：迷你型全自动洗衣机诞生。科研人员经过潜心攻关，把迷你型洗衣机"灵、快、好、省"的特色推向更加优秀的境界。全自动的"小小神童"外观采用极限设计，保持着原有的小巧玲珑的神韵。计算机程序控制技术的运用使其操作更为灵便。1998 年 6 月，海尔综合"小小神童"系列产品之优点，又推出了可一次洗涤 2 千克衣物的全自动迷你型洗衣机，使"小小神童"再添风采，更受消费者青睐。

课堂提问

你认为海尔迷你型洗衣机的核心竞争力是什么？

案例启示

对于一个新事业的诞生，海尔人一直保持着旺盛的创新意识，不断地迭代产品性能，以更好地满足顾客的需求，在迷你型洗衣机这个小的细分领域深耕细作。这种不断创新、永不满足的精神驱动着海尔人做出更多更好的产品。

知识探究

商品力是顾客决定是否购买我们的商品与服务的所有要素的总和。商品力就像一个磁铁一样，吸引着顾客去购买。商品力的打造也是有层次和重心的。商品力包括表层商品力、中间层商品力和核心层商品力。商品力分析图如图 4 - 2 所示。

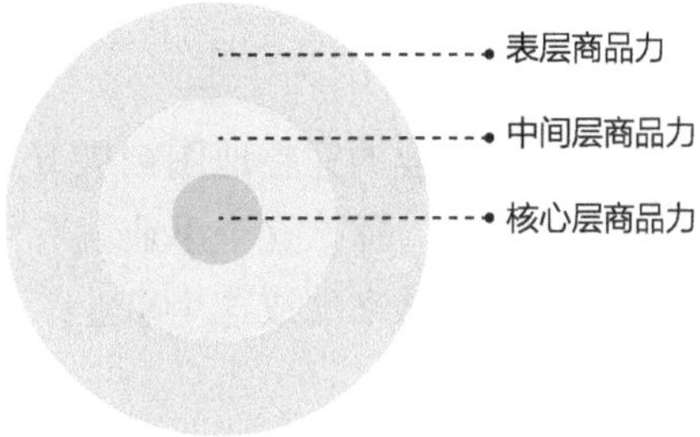

表层商品力是竞争者最容易模仿的商品力，并且也是容易被顾客忽略的，如工期、外形设计、店面设计、付款方式等。

中间层商品力是介于表层和核心层之间的商品力，如售后服务、销售技巧、营销渠道等。

核心层商品力是难以被顾客忽略，难以被竞争者模仿的商品力，如核心技术、品牌、产品品质等。

图 4 - 2　商品力分析图

注：此知识概念摘自广州翔蓝企业管理顾问有限公司。

越往表层，这种竞争力的可变性越大；越往核心，竞争力的可变性越小。

上文中 "3'MINS" 的创始人小吴，根据对顾客属性的把握，对 "3'MINS" 的商品力进行了归纳，见表 4 - 8。

表 4 - 8　"3'MINS" 的商品力

顾客机能	"3'MINS" 的商品力
经济性	略高于非定制西服，低于普通定制西服
品质性	优质面料 + 量身定制 + 免费证件照
便利性	购买方便、现取证件照、快速定制
情绪性	贴心服务、校友情怀

经过这样的整理，小吴更加明确了自己产品的核心竞争力是什么。他将这种贴心服务、校友情怀进行了进一步的细化，做到一定程度上的标准化。随着业务的扩大，他的店面招募了新的员工，他将这个核心竞争力作为重要培训模块教授给新员工，做到服务不走样，专业又周到。经过对整个事业的打磨，创始人小吴对自己事业的顾客

特性、商品力特性，以及业态特性有了更全局的认识，拓开并形成了自己的事业地图，如图 4-3 所示。

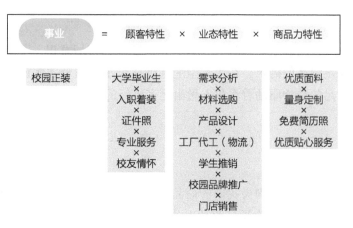

图 4-3　事业地图

当一个事业的完整地图被展开，创始人对于顾客特性、商品力特性、业态特性有了清晰的界定，那么这个事业就有了厚实的基础，创始人也更加清晰明确自己应该组建什么样的团队来完成这个事业。

 |讨论与思考|

一、罗列出顾客是否决定购买手机的所有要素，并明确现状的表层商品力、中间层商品力、核心层商品力。

二、明确应有的核心层商品力，把握核心层商品力的应有状态与现状的差距，制订缩小差距的对策。

参考答案：

1. 反应速度（中间层商品力）。
2. 能上网（表层商品力）。
3. 拍照的像素（表层商品力）。
4. 拍照的焦距、倍率（表层商品力）。
5. 外形（表层商品力）。
6. 手感（表层商品力）。
7. 品牌（核心层商品力）。

8. 售后服务（中间层商品力）。

9. 配套设备（表层商品力）。

10. 价格（表层商品力）。

延伸阅读

小米的商业模式

小米的商业模式是"铁人三项"：硬件 + 新零售 + 互联网服务。雷军认为，效率的提升来源于运营成本，尤其是要极大降低交易成本，所以小米希望实现的目标是，通过自己独特的商业模式让商品既好又便宜，赢得用户信任，而生产和流通效率的提升是从在总成本中占比 90% 的运营和交易成本中挤出来的。

小米不是单纯的硬件公司，它是"一家以手机、智能硬件和 IoT（物联网）平台为核心的互联网公司"。到目前为止，小米是全球第四大智能手机制造商，创造出众多智能硬件产品，作为全球最大的消费类 IoT 平台，连接超过 1 亿台智能设备。此外，小米还拥有 1.9 亿 MIUI（小米旗下基于 Android 系统的第三方手机操作系统）月活用户，为他们提供一系列的互联网服务。这些都成了小米的核心资产。

小米是创新驱动的互联网公司，尽管硬件是小米重要的用户入口，但他们并不期望硬件成为小米利润的主要来源。小米采用的策略是产品紧贴硬件成本定价，通过高效的线上线下零售渠道交付用户，然后持续为用户提供互联网服务。

对于未来建立小米全球化的商业生态，雷军认为还要建立更多的"小米"，也就是围绕手机业务搭建起手机配件、智能硬件、生活消费产品三层产品矩阵，带动更多的创业公司成长，这也就是小米打造的"小米生态链模式"。目前，在小米的周边，小米已经投资了 90 多家生态链企业。除此之外，雷军也正在推进小米的国际化，到目前为止，小米在全球范围内进入了 70 多个国家的市场。

资料来源：智能科技生活（公众号）《雷军：小米的商业模式》。

本节小结

在这一节中，我们对于规划团队事业蓝图有了一个更加清晰的界定。在企业经营中，企业是由复数的事业构成。当事业中的顾客特性、业态特性、商品力特性中有一个发生了重大变化，那么就产生了一个新的事业。

顾客特性是对于顾客的把握能力，要对顾客有一个清晰的画像，并且深刻了解顾客的需求到底在哪个层次，才能开发出相应的产品与服务来满足这些需求。最后再通过恰当的业态将产品送到顾客的手中。事业的三个要素互相关联，只有深刻理解和把握了事业方程式，才能让初创事业顺利起航，才能组建与之相匹配的合适团队。

4.2   事业也有生命周期

4.2.1   生命周期的定义

案例分析

诺基亚成立于 1865 年，最初以伐木、造纸为主业，后来向胶鞋、轮胎、电缆等领域扩展。20 世纪 90 年代中期，诺基亚因涉及产业过多而濒临破产，高层果断将所有其他产业舍弃，开始专注于手机生产。这时候，放眼全球，移动通信时代已经到来，而在遥远的北京，人们正以能拥有一部"大哥大"而感到自豪。

在时任 CEO 约玛·奥利拉的带领下，诺基亚发动并引领了一场移动通信的革命，这家来自芬兰的公司，开始走出欧洲，走向世界舞台。如果说 1G 时代是"大哥大"统治手机市场；那 2G 时代就是诺基亚飞速成长的时代。这个阶段，诺基亚的每一款手机都代表着一次经典创新。

作为曾经手机领域的"霸主"，诺基亚的巅峰时期成绩令人惊叹。自 1996 年以来，诺基亚连续 15 年占据手机市场份额第一；1998 年诺基亚成为全球最大的手机制造商；巅峰时期，每天有 13 亿人通过它通话；最好成绩是每秒卖出 14 部手机……而在当时，乔布斯刚回到苹果，要在诺基亚的耀眼成绩下，收拾苹果的一堆"烂摊子"。

但可惜的是，诺基亚成了另一个"柯达"。2007 年苹果公司推出智能手机 iPhone，2008 年谷歌发布智能手机操作系统 Android。在功能手机向智能手机转型的时候，诺基亚却因过于追求"高效率和成本控制"，相信塞班操作系统，被苹果和三星双双超越。当诺基亚被微软收购时，奥利拉最后说了一句话："我们并没有做错什么，但不知为什么，我们输了。"

课堂提问

你认为诺基亚衰亡的原因是什么？

事业是否和人一样，有自己成长发展的轨迹呢？

案例启示

虽然手机这类产品作为现代化的通信工具，短时期内还不会进入衰退期，但针对这一具体的产品类别，品牌却会进入衰退期。同样，短视频、共享单车、人工智能、AI 等"爆款"作为一种现代产品，短时期内或许不会进入衰退期，但其中某一家公司却可能会进入衰退期。诺基亚的教训不止对手机行业，对所有行业都有警示意义。

想要在风浪中存活，并保持"爆款"身份，最开始拓展市场时就要有完整的计划，有及时调整的准备；在占据市场一定份额时，就不能骄傲自大；当市场需求趋于饱和，用户逐渐失去兴趣，或选择投向性价比更高的产品时，更要注重创新和转变，寻找新的发展点。不然，"爆款"只能是昙花一现，或被新"爆款"后来者居上。

知识探究

企业如人，一般都会经历出生、成长、成熟、衰退的过程，具有自己的成长规律。20 世纪 50 年代末，美国学者马森·海尔瑞首先提出可以用生物学中的"生命周期"观点来看待企业，认为企业的发展也符合生物学中的成长曲线。1972 年，美国学者拉瑞·格雷纳在《组织成长的演变和变革》一文中第一次正式提出了企业生命周期概念。此后，许多学者围绕企业生命周期进行了深入研究。从一定意义上说，企业生命周期理论也叫企业成长理论，该理论经过丰富发展，已经成为现代管理理论中的一个重要组成部分，也是企业战略管理理论众多流派中的一个重要分支，许多企业在这一理论指导下进行了成功实践。

企业生命周期理论认为，企业存在生命周期现象，而且企业生命周期各阶段都遵循大致相同的规律。到目前为止，有 20 多种不同的生命周期理论模型，大多数模型都将企业生命周期简单划分为 4 个阶段，即：初创期、成长期、成熟期和衰退期。企业在不同的阶段所追求的目标、关注的重点问题和所存在的风险不同。

事业的生命周期图（见图 4-4）将一个事业分为胎儿、婴儿、幼年、少年、青年、成年、壮年、熟年、老年、暮年、天年 11 个阶段。横轴代表成长性（即销售额增长率、利润额增长率），纵轴代表收益性（即毛利率、利润率）。

其中，P1—P5 阶段是战略的发展单位，这个阶段是事业的出生与成长阶段，从制订商业计划书，到组建团队，尝试进行销售，建立自己的 MD（商品开发机能）、MK（市场开发机能），到建立和强化 MG（经营管理机能），需要的是创业型人才去开拓。

P6—P11 阶段是战略的事业单位，职责是追求利益，需要的是守业型人才去经营。

P5 阶段所处的位置，是一个非常重要的节点，在这个位置上，企业初步成熟，产品、市场、企业的经营管理已经初步完善，并且实现了收支平衡，得到了市场上的良好反馈。

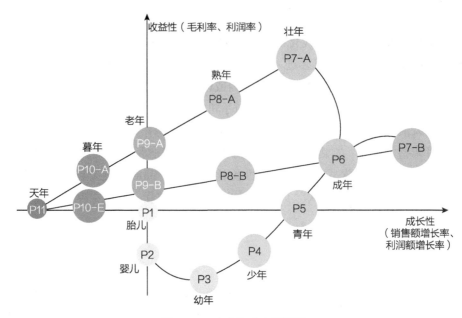

图 4-4　事业的生命周期图

注：此知识概念摘自广州翔蓝企业管理顾问有限公司。

在 P6 阶段之后，事业的发展有了两条不同的轨迹，一条是追求市场份额，做市场上的第一；另一条是对整体市场进行进一步的细分，在细分市场上做出特点，做市场上的唯一。

当一个事业发展到壮年，利润率比较高，整个体系比较完善，就可以进行复制扩张（如开分店等），或者进行新项目的培育。如果扩张过早，体系不完善，快速复制容易走形，反而破坏健康的现金流和品牌形象；扩张过晚，就像诺基亚那样，会被外部环境的变化淘汰。

 讨论与思考

1. 列举你所知道的企业不断拓展新事业，从而让企业保持旺盛生命力的案例。

2. 中国企业中的百年老店虽然并不多，但仍有一些企业在当今激烈的社会竞争中屹立不倒，例如，同仁堂，存续了 351 年的历史；全聚德已经有 156 岁；张裕葡萄酒公司也已 128 岁。你觉得它们能够事业长青的奥秘是什么？面对"互联网＋"的时代浪潮，对它们的发展你有什么好建议吗？

![延伸阅读]

企业生命周期理论及生命周期分析法

世界上任何事物的发展都存在着生命周期，企业也不例外。企业生命周期如同一双无形的巨手，始终左右着企业发展的轨迹。所谓企业的生命周期，是指企业诞生、成长、壮大、衰退甚至死亡的过程。虽然不同企业的寿命有长有短，但各个企业在生命周期的不同阶段所表现出来的特征却具有某些共性。了解这些共性，便于企业了解自己所处的生命周期阶段，从而修正自己的状态，尽可能地延长自己的寿命。

企业生命周期理论是关于企业成长、消亡阶段性和循环的理论。企业生命周期有两种划分，一种是自然生命周期，另外一种是法定生命周期。企业生命周期问题所运用的基本思想——生命周期的思想，不仅运用在理解企业生命现象上，而且也运用在企业经营有关的很多方面。

以行业生命周期为横坐标，企业竞争地位为纵坐标，就组成一个具有 20 个单元的生命周期矩阵，有 4 种战略选择，即发展战略、重点发展战略、调整战略与退出战略。在何种情况下采取哪一种策略可参考表 4-9。

表 4-9　生命周期战略分析

企业竞争地位	生命周期阶段			
	投入	成长	成熟	衰退
支配地位	全力争得占有率，保持地位	保持地位，保持占有率	保持地位，与行业同步增长	保持地位
强大地位	全力争得占有率，力争改善地位	保持地位，与行业同步增长	保持地位，有一定增长	保持地位或耗用潜力
有利地位	有重点的争得占有率，改善地位	有重点的争得占有率，争取改善地位	维持、寻找重点并加以巩固	耗用潜力或逐渐退出
防御地位	有重点的改善地位	寻找重点并加以巩固	寻找并抓住重点，或逐渐退出	逐渐退出或放弃
软弱地位	上马或下马	寻找机会或放弃	寻找机会或逐渐退出	放弃

资料来源：汉哲管理研究院《企业生命周期理论及生命周期分析法详解》。

4.2.2　生命周期的应用

案例分析

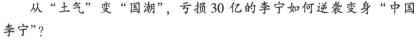

从"土气"变"国潮"，亏损30亿的李宁如何逆袭变身"中国李宁"？

在美国纽约时装周的走秀中，中国李宁的许多造型设计充满着时尚感，满满的潮流元素，大放光彩，深受好评。很多人只看到了中国李宁如今的辉煌成果，而不知道李宁从运动老品牌向时尚潮牌转型所花费的不仅仅是巨额投资，更是大把的时间与精力。

李宁的品牌创始人大家都很熟悉，他曾代表中国参加奥运会，由于出色的成绩被人们称为"体操王子"。1988年4月，体操王子李宁宣布退役，退役后的李宁以自己的名字为品牌创立了李宁体育用品有限公司。

2008年奥运会结束之后，李宁在国内的销量一路飙升；在2010年，李宁更是创造了辉煌，国内的销售总额超过了阿迪达斯，仅次于耐克。然而好景不长，从2012年起，李宁的销量逐渐开始走下坡路，到2014年，李宁已经亏损了30亿，国内近2000家专营店被迫关门，李宁因此走到了人生的最低谷。

在年轻人心中，李宁一直都是"中国本土的老品牌"，这样的称呼体现了李宁在年轻人心中的三个标签：一是国货；二是土里土气，不够时尚；三是父母的运动情怀。

2018年初，时尚圈刮起了一阵复古风，李宁也深知机会难遇，便毫不犹豫地抓住了这个机遇，重新调整销售方案与产品定位，并开启了电商产业，渐渐地，业绩从亏损转为赢利。

直至今日，"李宁"这两个字已经自带流量，它在巴黎时装周上的"悟道"系列让人眼前一亮，纽约时装周上的"行"系列也让全世界的时尚人士都为之惊叹。此一时非彼一时，如今的李宁褪去了当年的"乡土气息"，以一个全新的面貌出现在国际化的舞台上，在国际的舞台上传播中国品牌的价值。

资料来源：网易订阅 http://dy.163.com/v2/article/detail/E98SQKT705372IPH.html。

课堂提问

李宁的品牌故事给你怎样的启发？

结合事业生命周期图，你如何解读李宁的品牌崛起之路？

案例启示

李宁运动品牌所经历的起落很好地印证了事业生命周期图。当事业发展到成熟阶段之后就开始走进衰落期。因此需要发展新的事业，重新去定义自己的顾客，才能使得这个老品牌焕发新生机。

 知识探究

虽然现在企业发展衰落的速度非常快，但还是有一些企业通过对自己生命周期的有效管理，最终成为"百年老厂""百年老店""百年老公司"。据《胡润百富》发布的《胡润全球最古老的家族企业榜》，在上榜的全球排位前 100 名的"长寿企业"中，有超过六成的企业集中在欧洲。其中，世界上历史最悠久的"长寿企业"是日本大阪的寺庙建筑企业金刚组。这家企业成立于公元 578 年，目前传到第 41 代。而排名第 100 位的"长寿企业"，也有 240 多年的历史。

这些企业能够如此具有生命力，"长生不老"，是因为它们懂得在企业的内部不断进行新事业的"创造"。一个成熟的企业由多个事业组成，当一个事业慢慢成熟进入壮年之后，就要在企业内部去培育新的事业，让企业重新焕发生机。这就需要企业的创始人非常了解事业的生命周期图，把握整个企业的节奏与方向。

那什么时候开始考虑发展新事业呢？

我们看事业生命周期图，当事业发展到 P5 阶段的时候，企业的 MD（商品开发机能）、MK（市场开发机能）、MG（经营管理机能）都已经建立完善了，事业实现了盈利，这个时候可以考虑复制扩张（如开分店等），或者进行新项目的培育。

这里要注意两点：

1. 先天不足会拖垮企业。当事业发展还不到 P5 阶段的时候，事业体系不完善，没有达到盈亏平衡点。这个时候快速复制容易动作变形，会破坏健康的现金流和品牌形象。很多初创企业会犯这个错误，一口气开创几个事业，使有限的资源分散，不仅筋疲力尽，还总在亏钱。就好像家中同时抚养几个孩子，都需要花费时间、金钱、精力，是非常艰难的。所以企业创始人要理智判断，至少原有的事业可以有效运作，能实现正现金流，才可以孕育新事业。

2. 裹足不前会失去活力。无论是诺基亚的案例，还是李宁的案例，都给予我们一个重要启示：事业的生命周期是有限的，不能固守在原有的事业中裹足不前。随着外部市场环境的变化、顾客需求的变化、技术的进步等，必须要不断地根据内外变化去调整和发展新的事业。创业如逆水行舟，不进则退。诺基亚这样的市场巨头都会转眼"倒塌"，更何况抵御风险能力较差的初创企业。所以企业创始人的关注点不能仅仅在已经成熟的市场上，不能仅仅看企业的财务报表，还要关注新的市场机遇，关注顾客新的、未被满足的需求点，不断发展新的事业。

事业的生命是有限的，但是企业的生命可以是无限的。当建立生生不息的企业事业发展机制，以事业的生命周期图进行科学预判和科学经营，就可以培育出基业长青的企业。

 |讨论与思考|

几乎要从市场上消失的品牌百雀羚，转身变成了护肤品市场占有率最高的国货品牌，并且保持每年将近 30% 的增速。请查找资料，并回答以下问题：百雀羚做了什么改变让它成功逆袭？一个将近百岁的国货品牌如何吸引 20 多岁的年轻人？

 |延伸阅读|

日本长寿企业多的宏观要因

据统计，日本全国 260 万家公司中，经营超过 100 年的企业有 25321 家，超过 200 年的企业有 3939 家，超过 300 年的企业有 1938 家，超过 500 年的企业有 147 家，甚至超过 1000 年的企业就有 21 家。而建于公元 578 年，主营业务为建造木质结构建筑的金刚组，更是世界上历史最悠久的企业，获得了世界吉尼斯纪录。排在世界最古老企业前八位的都是日本企业，也全部都是家族企业。

日本能有如此多的长寿企业，归结起来有 3 大宏观要因。

第一，内部具有各种先进经营管理制度。近代的管理制度主要是人力资源、财务会计、风险管理等，200 多年前，这些长寿企业就已经建立起了相当现代化的管理体系。以财务会计为例，日本 200 多年前的时候就已经创造了自己的复式簿记，当时日本不同地区使用不同的货币，在这种不同货币要进行换算的形势下，就形成了"关联企业结算"的方式。

第二，企业外部市场的持续成长发展。日本市场虽然发展缓慢，但是一直在成长。1600 ~ 1800 年的 200 年间，市场每年的成长率基本上是 0.1%。

第三，世代相传的强烈愿望。企业有想要将这个事业世代传承下去的强烈愿望，这种薪火相传的愿望催生出不断的创新和努力。

资料来源：中外管理杂志《日本拥有世界最多长寿企业，秘诀只有四个字》，作者后藤俊夫。

📝 |**本节小结**|

　　事业和人一样，有它自身的生命周期，从一个想法的诞生，到逐步落地，不断发展壮大，再随着内外环境的变化渐渐衰退。想要让一个企业能够基业长青，就要适时地去孕育、发展新的事业，成为企业新的增长点，为其注入源源不断的新鲜血液。而在事业的成长发展中，每个阶段的人和需求都不同，从创业到守业，需要不同特质的人参与这个事业，引领事业的发展。把握住事业的生命周期，寻找合适的人支撑事业的发展，是每一个企业创始人需要思考的事情。

【团队组建与管理计划书】

　　请完成附录 B：《团队组建与管理计划书》中的第一部分——建立我的事业蓝图。

第5章　制订团队组建方案

案例分析 | 知识探究 | 讨论与思考 | 延伸阅读

> 宁要一流的人才二流的创意，也不要二流的人才一流的创意。
>
> ——乔治·多利奥特

 本章导读

作为一个创业者，在团队组建前就要深入了解初创团队的特点，掌握组建团队的基本原则，为打造黄金创始人团队夯实基础。本章将带领大家解密团队组建的基本原则，并根据事业需求选择团队组建的最佳方案。之后通过掌握不同层级领导者的角色定位与职责，梳理团队架构，让团队职责明确，有序推进事业发展。

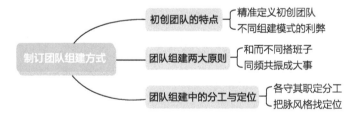

制订团队组建方式
- 初创团队的特点
  - 精准定义初创团队
  - 不同组建模式的利弊
- 团队组建两大原则
  - 和而不同搭班子
  - 同频共振成大事
- 团队组建中的分工与定位
  - 各守其职定分工
  - 把脉风格找定位

 能力目标

- 能掌握初创团队特点，选择合适组建模式，提升团队执行力和凝聚力。
- 能掌握团队组建基本原则，激发团队活力。
- 能对团队内部的分工和定位有清晰的界定，提升团队效率。

5.1　初创团队的特点

5.1.1　精准定义初创团队

案例分析

一个人的"奇思怪想"
——采访毫米空间设计负责人小张

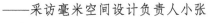

　　毫米空间设计在受访时是一个成立了两年的公司。公司主营业务是空间设计，有两个股东，实际参与公司运行的就小张一个人。公司目前没有长期聘用的稳定员工，没有稳定的顾客群体，主要依靠老师和朋友介绍的工程来维持运营。公司在运行一年多的时候实现收支平衡。目前正在考虑转变公司的主营业务。

　　两年前，小张是艺术设计学院视觉传达设计专业的大三学生，他曾经在一家主营空间设计的跨国公司实习过，但是后来发现那里学不到更多的东西，甚至公司还会"榨取"自己的创意和设计思路。他想实现自己的想法，不想给别人打工，于是萌生了创业的念头。他向学校申请了创意创业园，顺利拿到写字间之后便开始了自己的创业之路。

　　基于自身的专业基础，他选择了空间设计作为自己的主营业务。公司注册资金是 3 万元，实际启动资金是 1 万多元，资金来源是家里支持加上自己的一些积蓄。公司注册的时候有三个股东，一个很快留学去了法国，一个是自己的女朋友，也基本不参与公司的运营。于是，这个公司里小张独当一面，只是接到项目的时候找人合作完成。更多时候，是自己一个人在办公室对着电脑。

　　说起对自己公司的评价，他打了 50 分，不甚满意。在公司运营一年多的时候才勉强实现收支平衡，至今没有稳定的客户源，很多时候接到的都是分包出来的项目。目前主要的业务来自于老师和朋友的关系客户。他希望能够维护好老客户，希望和客户能以朋友那样的身份相处，但是又不想将工作和生活搅在一起，加上自己不善于表达和应酬，所以很多时候，真的很纠结，也很无奈。

　　虽然出身于设计专业，但是实际上小张对于设计并不是非常热爱，加之公司的运营状况遇到瓶颈，所以他整天满脑子都在想着怎样转型。他的手机备忘录里，存着大量自己随时随地迸发出的灵感和想法。他想要做一个设计类手机应用程序，技术难度不大，并且目前在市场上是空白。但是为了推动这个项目，他需要大量的资金，要招聘两个程序员，要对项目进行推广和宣传，要寻找渠道等。虽然面对很多困难，但他对未来充满希望，他认为公司最大的核心资源，就是他的创意和灵感，是他脑子里的那些"奇思怪想"。

课堂提问

你对小张的项目如何评价，你认为哪方面存在不足？

你认为一个初创项目最重要的是什么？为什么？

案例启示

中国有句古话，"独木难成林"。在小张的案例中，我们看到他在推进项目时感觉到非常"无力"，他的很多想法仅仅是停留在想法阶段，受制于自身经验、能力、资源的限制，他的项目始终无法真正地打开局面，长不大，也做不久。

 ## 知识探究

在一项针对 104 家高科技企业的研究报告指出，在年销售额达到 500 万美元以上的高成长企业中，有 83.3% 是以团队形式建立的；而在另外 73 家停止经营的企业中，仅有 53.8% 有多位创始人。这一模式在一项关于"128 公路 100 强"（128 公路是美国马萨诸塞州波士顿市的一条半环形公路，修建于 1951 年，距波士顿市区约 16 公里。现在 128 公路沿线两侧聚集了数以千计的从事高技术研究、发展和生产的机构和公司，成为 128 公路高技术区，是世界上知名的电子工业中心）的研究中表现得更为明显：100 家创立时间较短、销售额高于平均数几倍的企业中 70% 有多位创始人。由此可见，在创业过程中，团队创业的成功率会更高一些。在团队的共同协作下，创造价值，满足顾客需求，这是初创团队的使命与职责。

案例分析中的小张后来及时进行了项目转型，不再做空间设计，而转去做 VR 内容设计。他和学校的老师合作，依托老师的行业资源和技术支持，共同进行产品的市场化推广，目前的整体运营情况稳定。那么到底应该怎样组建初创团队？什么样的团队才称得上是初创团队呢？

初创团队是指基于共同的创业理念，将商机、资金、KNOW-HOW（包括了 MD 产品开发、MK 市场开发、MG 经营管理开发）有机结合起来，以创造顾客价值为目的的人员组合。初创团队构成（初创）企业的雏形，他们既是（初创）企业的经营核心人员，也是（初创）企业的股东，即我们常说的联合创始人，通常以 2 ~ 5 人为宜（见图 5 - 1）。

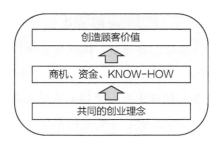

图 5 - 1 初创团队概念示意图

注：此知识概念源自广州翔蓝企业顾问管理有限公司。

1）是团队，而不是个人。 在实际的经营中，也有独资企业股东只有一人的情况，但企业经营靠一个人是无法独立完成的，单打独斗难以开拓局面。案例分析中的小张不仅需要员工，也需要一个拍档，可以和他形成互补，如更善于维护客户关系，更善于开拓市场等。在创业中难免会遇到我们不懂的问题和未知的领域，如融资问题、法律问题、税务问题等，这需要懂得借助外面的力量，懂得寻求帮助，懂得怎样去寻找答案。

2）共同的创业理念。 共同的创业理念让我们有着共同的起点和终点，让团队能够在战略性、原则性问题上保持一致。道不同，不相为谋。

3）商机、资金、KNOW-HOW。 这三个元素如同初创团队的血肉，他们的有效运行，支撑起企业的成长和发展。

4）以创造顾客价值为目的。 这是一个非常重要的特征，企业存在的基础在于创造社会价值，为顾客提供更多的价值。只有当价值被社会和顾客认可时，才会产生经营利益。目的需要清晰，创业不是为了满足个人私欲，也不能亏得血本无归，而是要创造顾客价值。

初创团队和普通团队的区别就在于以上 4 点。虽然也许临时组成的一个旅行团也是一个团队，旅行团的团队目的也一致，但是他们并不是为了创造顾客价值而存在的，因此也无法称之为初创团队。

 | 讨论与思考 |

每个企业都是从初创团队做起来的，分享你所知道的初创团队创业故事。

你认为组建初创团队最需要关注哪些问题，请尝试列出至少 3 条。

延伸阅读

创业团队的类型

创业团队分为 3 种类型：星状创业团队、网状创业团队和从网状创业团队中演化而来的虚拟星状创业团队。

（1）星状创业团队　一般在团队中有一个核心主导人物，充当领军的角色。这种团队在形成之前，一般是核心主导人物有了创业的想法，然后根据自己的设想进行创业团队的组织。

这种创业团队组织结构紧密，向心力强，主导人物在组织中的行为对其他个体影响巨大。决策程序相对简单，组织效率较高，但容易形成权力过分集中的局面，使决策失误的风险加大。当其他团队成员和主导人物发生冲突时，因为核心主导人物的特殊权威，使其他团队成员往往处于被动地位，在冲突较严重时，一般都会选择离开团队，因而对组织的影响较大。

（2）网状创业团队　这种创业团队的成员一般在创业之前都有密切的关系，如同学、亲人、同事、朋友等。一般都是在交往过程中，团队成员共同认可某一创业想法，并就创业达成了共识以后，开始共同进行创业。

这种创业团队没有明显的核心，整体结构较为松散；组织决策时，一般采取集体决策的方式，通过大量的沟通和讨论达成一致意见，因此组织的决策效率相对较低；容易在组织中形成多头领导的局面；一旦团队成员间的冲突升级，某些团队成员撤出团队，就容易导致整个团队的涣散。

（3）虚拟星状创业团队　这种创业团队是由网状创业团队演化而来，基本上是前两种的中间形态。在虚拟星状创业团队中，有一个核心成员，但是该核心成员地位的确立是团队成员协商的结果，因此核心人物某种意义上说是整个团队的代言人，而不是主导型人物，其在团队中的行为必须充分考虑其他团队成员的意见。

资料来源：MBA 智库百科。

5.1.2　不同组建模式的利弊

案例分析

那些风起云涌的创业团队

腾讯五虎将

1998 年，马化腾跟大学好友张志东、陈一丹，还有曾李青、许晨晔一起创办了腾讯公司。五虎将中，马化腾擅长产品跟技术，张志东则是个技术天才，陈一丹是大管家跟法律专家，曾李青是投资专家，许晨晔则是一个全才。腾讯如今是世界市值第五的公司，五虎将基本已经功成身退，只剩下马化腾和许晨晔还在腾讯任职。

百度七剑客

百度最早创业的 7 大创始人分别为：李彦宏、徐勇、刘建国、雷鸣、郭眈、崔姗姗、王啸，被业内称"百度七剑客"。因李彦宏美国留学和工作的背景，百度的合伙人构成与阿里巴巴、腾讯的合伙人有很大的不同，其中有校友关系的是 3 位，而且不是直接的校友关系，是通过妻子和行业专业交流认识的；有 3 位是通过公开招聘渠道加入的。

课堂提问

在这些经典创业团队案例中，你能看出不同的团队组建模式吗？

案例启示

在以上案例当中，可以看到有的是先有项目后组建团队，有的是先有团队再选择项目。这两种模式都可以走向成功，关键是掌握不同创业团队组建模式的优劣势，扬长避短，少走弯路。

知识探究

初创团队的起源通常有以下两种模式：

1. 领导者推动模式

领导者推动模式首先有一个人有了创业设想，进而寻找并联合其他人组建创业团队，共同实现创业。以项目或某项工作为中心，通过团队成员共同分工协作、彼此独立细化，从而有效地发挥核心业务专长的协作性组织形式。

Idea→团队→创业活动（领导者推动模式）

领导者推动模式的优点在于，领导者已经发现了商机，在此基础上进行的团队组建会与商机和项目需求比较匹配。

2. 群众型创业团队模式

群众型创业团队模式由几个人在一起组成创业团队，共同进行创业活动，风险共担，利益共享。以团队为基础，通过以专门从事某项工作为形式来展开的组织形式。

团队→Idea→创业活动（群众型创业团队模式）

群众型创业团队模式的优点在于，团队起步时的凝聚力强，成员彼此之间比较了解，有互相信赖的基础。

以一个学生创业的真实案例剖析。小林在学院辩论队结识了一帮志趣相同的好朋友，他们经常一起讨论辩题到深夜，在一次次打比赛的过程中，更是与队友建立起了如同战友一般的感情。到了毕业年级，说起未来的发展，其中一位同学说："我们都是同辈中的佼佼者，知识面广、脑袋灵光，为什么不能一起合伙创业呢？我们肯定能闯出一番事业来！"辩论队的队友们纷纷表示赞同。几个月后，杂草丛生文化创意有限公司就这样成立了。

案例中的"杂草丛生"项目就属于典型的群众型创业团队模式。团队在组建起来之后，他们发掘自身的资源与优势，一致认为从事文化创意、活动策划类型的项目比较适合。在小伙伴的共同努力下，公司慢慢经营起来了。经过一段时间的发展，团队核心成员因为自身的发展需要逐渐离开了这个团队，有人出国学习深造，有人转去大公司专门做设计工作。小林坚持了下来，他重新成立了一家公司，做校园论坛和校园文化方面的工作，也获得了不少校友的支持和喜爱。

两种模式都各有优缺点。作为团队的创始人，要清晰自己团队的起源模式，并且扬长避短。领导者推动模式的团队，领导者就需要多花一些精力和时间，让团队成员达到更好的默契，协调团队的有效运行，积极沟通。而群众型创业团队模式，则需要领导者对于每个人是否适合这个岗位有一个清晰的判断，如果不适合，是否能够短期内进行"补课"，这个时候过分讲感情往往会适得其反，对企业的发展产生不利影响。

 ｜讨论与思考｜

课堂辩论赛：初创团队的两种起源模式，哪种对初创团队的发展更有利？请将你的观点写下来。

📷 **延伸阅读**

创业团队如何分配薪酬

创业团队应制定有效的薪酬激励制度，主要建立在绩效、技能、职位的基础上。创业企业盘子小，在人力资源上的投入毕竟是有限的，要求薪酬的回报要越快越好，而对绩效的关注，正是最有效的方法。技能是一个人才智与能力的反映，可以以学历、工作经历、取得的证书、最高职位工作年限、担任或完成过的项目等多方面衡量，当然其作用次于绩效。所以考虑职位因素，可适当加以区别，但不能太大，否则成了创业人不仅拿公司的股份，还拿公司最多的工资，不利于人心团结。

制定合理的浮动薪酬制度。如果没有正确地根据绩效发工资，这项制度可能起到相反的作用。建议建立在一年期、两年期、三年期基础上的多重奖励计划，监督效果并不断地修订计划。

资料来源：MBA 智库百科。

📝 **本节小结**

初创团队是一个非常特殊的群体，因为刚组建，虽没有完善的规章制度和流程规范管理，但同时又具备非常旺盛的生命力和活力。一个项目的成功，商机的发掘、资金、渠道都很重要，但最根本的还是人，因为是人在运转和运营这一切。所以对初创团队的使命和职责要有一个清晰的了解，明确目标，掌握初创阶段的特点，同时对于整个事业要有一个宏观的认识，是组建一个团队之时就应该有的知识储备。

借用日本"经营之神"稻盛和夫的话，任何一件事情想要最终从理想变为现实，都需要"乐观地设想、悲观地计划、愉快地执行"。创业团队组建之初都是满腔热血、一身豪情，但只有勇气是不够的，那是蛮勇。谨慎、认真地去做计划，去不断学习跨领域的知识，去掌握行业动态，去了解业务流程，然后愉快地执行，遇到问题积极寻求解决方案，我们的事业才能蒸蒸日上。

5.2　团队组建两大原则

对于初创企业来说，资金和市场是创业者最大的担忧和最为关注的焦点，因而许多初创企业将大量的精力都投在了融资、市场开拓、控制成本等方面，而忽略了企业人力资源管理体系建设的重要性。但从长远来说，企业人力资源管理体系建设对一个企业的发展有着至关重要的作用，必须从企业刚创建时就予以高度重视。对于初创企业而言，企业人力资源管理体系建设最关键的就是核心团队建设，核心团队奠定了整个初创企业的基础，搭建了企业的初步框架，也奠定了这个企业核心文化的基础。核心团队通常是指初创企业的创始人和联合创始人，即初创企业的所有者（股东），也

是经营者。通常，几个初创企业会在同一时间开发相同的创意。比如大家都熟悉的"网约车大战"、外卖"百团大战"，以及共享单车的激烈竞争（见图5-2）。当这种情况发生时，成功的关键就不是商业创业，而是企业创建者个人或团队所具有的比其他人更好的整合运用资源的能力。

图5-2　网约车大战后生存下来的企业寥寥

现实一点的说法是，初创企业除了团队和一个好创意以外，什么也没有；但好的创意从来不会自己成功，它必须依靠一个高效的团队来实施。在天使投资界，流传着这样一个不成文的投资标准，即：团队第一、模式第二、项目第三。

5.2.1　和而不同搭班子

案例分析

"学霸"中的最佳拍档

——采访花锦绣科技有限公司负责人张国森

花锦绣科技有限公司是一个刚刚成立一年的公司。公司的主营业务是IT软件相关产业，公司有4个股东，已经有一些稳定的客户群。由于张国森一直倡导轻资产、轻人力的公司运营模式，所以公司除了股东，没有聘用员工。公司在运营没多久就实现了盈利，几个小伙子正在矢志不移地朝着既定目标稳步推进。

花锦绣初创时有4个股东，至今未发生过变动。注册资金是3万，来自于4个人的积蓄。这4个人当时都是年级中的"学霸"，是各类奖学金和各大竞赛中的常客。他们的创业项目就是基于当时参加的全国性软件设计大赛的课题而衍生。以他们的技术水平，毕业不愁找不到好工作。但是大家还是毅然走上了创业这条路。张国森笑称自己是"职业创业者"，就是本质上不愿意给别人打工，即便这个创业项目没有成功，那也会换一个项目继续做。用他的话说就是"搏一把，单车变摩托！"

4个人在成立之时就有分工，2个人主要负责技术，1个人跑业

务，1 个人负责行政管理。张国森负责的是行政管理。由于是软件公司，轻资产，轻人力，公司只要有业务就有钱赚，所以一开始就盈利了。软件的使用客户主要是公司，并且是以贸易型的为主。刚开始的顾客是老师介绍的，后来慢慢发展起来。现在他们在阿里巴巴国际站有很多客户，并且客户黏度很高，一旦使用他们的软件，他们就会持续不断地提供相关服务，每月的营业额稳步增长。

公司未来想把这个软件做成一个平台，让更多的公司使用，以此来推销自己的产品。公司倾向于做成一个稳定、高效的团队，不会超过 10 个人。

说到公司的核心资源，张国森很自豪地说："是自己的团队！"团队成员在创业之初的理念就很统一。前五年不想着赚钱，更多的是完善平台，磨合团队，开拓市场。五年后也会制定严格的公司制度，保证每个股东的权益和义务。在股东意见有分歧的时候，大家也是采用投票的方式，先民主后集中。因为大家对于公司的愿景和理念一致，分工明确，所以股东之间的合作很愉快。公司正迈着轻快的步伐，一步步地朝着理想迈进。

尽管创业才一年，但是张国森觉得自己做事情比以前更周全了，会更多地从团队、从公司的角度去考虑权衡问题。张国森家在陕西，创业之初家人的反对之声很大，但是这个职业创业者很笃定地选择了这条道路，如今家人也开始理解和支持。他认为创业之前一定要准备好，考虑周全，从企业的定位、人脉，到相关的经验，都需要有所准备。正式开办公司是一个锦上添花的过程，而不是从无到有。

课堂提问

在案例中，张国森觉得公司的核心资源是团队，你是否认可这样的说法？
你认为组建一个成功的创业团队的原则是什么？

案例启示

一个架构合理、分工明确的团队，会帮助初创企业更快成长。团队内部的理念一致，决策机制清晰，会帮助初创企业减少内耗，降低决策成本。水能载舟，亦能覆舟，张国森的团队很好的承托起了这个项目。

知识探究

组建一个杰出的团队对于初创企业的重要性不言而喻。特别对于大学生创业者而言，经验、人脉、资金等社会资源都相对缺乏，搭建稳定高效的团队至关重要。但很多大学生初创团队在组建时都存在着组建随意、股份平均等弊病。在深圳职业技术学院的学生创意创业园中，初创团队组建两年后有超过半数会发生重大股东变动，有的因为理念不合，有的因为团队的知识能力结构存在重大偏颇……这成为一个"坎儿"，迈过去涅槃重生，迈不过去就解散团队结束项目。

在张国森的团队中，初创核心成员 4 人理念一致，分工明确，决策机制清晰（张国森是绝对控股的大股东），这个团队的基本架构是比较合理的，这也是他们项目一直能够运行顺畅的基本前提。这是一个成功的案例。但还有更多的失败案例，如在第二章提到的校园旅行项目，就是创始人对于企业发展理念的分歧导致企业虽然盈利丰厚，却分道扬镳。曾有一个从学校电子精英协会中孕育出来的迷你主机项目，因为团队成员都是协会成员，属于"技术流"，没有人懂市场、跑营销，导致企业铆足了劲儿不断进行产品迭代，但是产品却卖不出去，项目最后抱憾结束。

从初创团队的众多案例中发现，组建核心团队有一个核心的基本原则——"板凳模型"（见图 5 - 3）。

圆圆的凳面是一个团队中每个成员之间"共通的创业理念 + 强烈的创业意识"，是构成一个团队的基本面。这个基本面必须在组建团队的时候就达成。关于"为什么创业？""企业未来的发展方向是什么？"等根本问题，初创团队都必须很清晰且高度认同。对于创业的强烈内驱力也是每个初创成员所应具备的，创业型人才不同于守业型人才，必须有很强烈的创新意识、抗压能力、高成就动机，否则很难熬过企业成立之初的生存期。

图 5 - 3　板凳模型

支撑板凳的凳脚则是每个团队成员所具备的，但又各有所长的"良好的综合素质 + 互补的专项能力"。每个凳脚相互独立，又相互支撑，共同推动整个项目的稳步运行。用凳脚作比喻，强调的是团队成员的互补性。如果所有人的专项能力都高度一致，相当于一个凳脚，是无法支撑起整个凳子的。只有在技术、市场、行政等不同领域独当一面，充当不同的凳脚，才能让这个项目在市场站稳脚跟。

其中，企业创始人的特质及其早期决策，会对整个企业和初创企业团队形成的风格产生重要的影响，包括团队的规模、素质、文化氛围等。所以创始人必须了解这个板凳模型，从而在招募核心成员时，能够慎重选择，仔细甄别。创始人要从企业发展的宏观角度去选择，尽量避免任人唯亲，只从熟悉的人中选择，如同班同学、同一个社团的同学、同一个宿舍的同学，而忽略了项目发展的客观需求和市场规律，就会为企业未来的发展埋下重大隐患。一个民宿项目的创始人选择了与他理念相同，但是性格、资源与自己互补的两位合伙人，一位合伙人来自校园内，另一位合伙人来自校园外，三个人合作默契，将企业做得风风火火。

在灵活使用板凳模型时要注意以下几点：

团队异质性。团队异质性包括团队成员人口特征异质性及功能的异质性。

团队完整性。所谓团队完整性是指团队成员在职能上的互为补充，以及衡量在每一项职能上，成员的专业水平如何。

团队理念和意识的统一性。这个统一是一个持续的变量，其潜在应用在于它的情感性，是团队中的心理契约。

讨论与思考

盲皮球指挥游戏

游戏设置时间：在课堂开始时，进行活动热身，结合案例，共同引发本节的知识点。

游戏目标：小组合作将皮球踢到目标终点，进球且时间最短的获胜。

游戏规则：

5 位同学一组；

1 位同学用眼罩蒙眼，在另外 4 位组员的口头指挥下负责踢球；

另外 4 位同学负责口头指挥蒙眼的同学，但第 1 位只能说"左""踢"，第 2 位只能说"右""踢"，第 3 位只能说"前""踢"，第 4 位只能说"后""踢"。

在活动过程中，我们会发现有些组能够配合有序，指挥蒙眼的同学将皮球踢进去。但是有些小组会出现指挥混乱的情况，有些成员指挥蒙眼的同学向左，有些向右，在距离球门还有一段距离时，有些组员下令踢，有些则认为还不能踢，让负责踢球的同学一头雾水，不知所措。这和初创团队在刚开始进行项目指挥时的情况是不是很像？那么一个优秀的团队到底应该是怎样的？通过这些问题引发同学们的思考，在头脑风暴中，引出教学内容。

延伸阅读

如何搭建合伙人体系

合伙人按照纵向、横向两条线构建出合伙人体系，如图 5 - 4 所示。

图 5-4　合伙人体系

一、上游供应环节的合伙人

上游指"进"原材料、服务，一种是直接向生产商购进，一种是向贸易商购进。特别是在企业比较小的时候，采购不能成规模、采购成本较高，这时就需要联结行业内比较知名的上游端，以保障公司长期稳定的货物供应。为长期保障上游供应，公司需要出让一部分股份，给到上游，形成利益共同体。

二、下游需求环节的合伙人

"销"指下游，借助渠道商、经销商的力量十分必要，在非自主掌握销售渠道的前提下，借助下游力量完成销售对公司的轻体量、轻资产运作是十分有利的。这时候公司可拿出一部分股份，用作对经销商的股权激励，一方面促进"业绩换股份"，另一方面促进经销商与公司互惠互赢，打造比"短期收益"更加有效的利益关系。

三、公司内部合伙人

（1）股东层面的创始合伙人　公司成立初始，3~5 个人"搭锅起灶"，支撑一摊事情，因此最初的几个人就是整个公司的创始人。公司创立之初，大家凭着一腔热血做事，收益、利益都搁置不论。往往公司发展壮大后，大家对股份的事情就会越在乎，创始人股东内部最容易发生股权纠纷。

（2）中高层的事业合伙人　员工股权激励指公司的副总、总监、经理等中高层核心岗位。对于这个群体，合伙人机制、股权激励不仅能解决他们为谁努力的问题，还能促进完善公司治理，在某种程度上减轻委托和代理的风险。而给予股份，也就意味着给予责任和赋予未来收益。

（3）业务板块的运营合伙人　业务板块指事业部、分公司、子公司，通常适用于多元化的公司或集团化企业。因公司的发展方向有限、资源有限，不能对所有的业务板块一视同仁，必然会有侧重。那么在自己的"一亩三分地"中，激发每个业务团队的主观能动性就尤为必要。

（4）业务单元的一线合伙人　业务单元指门店、经营单元等，通常适用于阿米巴经营模式的公司。"麻雀虽小，五脏俱全"，小组织规模小，但职能全、数量多。如何激发基层业务员工的积极性，就显得尤为重要。

资料来源：《如何搭建大合伙人体系》，作者西姆股权激励研究院。

5.2.2　同频共振成大事

组建初创团队的原则遵循板凳模型，凳面是所有人都必须具备的"共通的创业理念＋强烈的创业意识"，凳脚则是"良好的综合素质＋互补的专项能力"，这些共同支撑起初创团队的事业。没有共通的创业理念，则大家无法在一个频道中进行对话。没有互补的专项能力，则事业的发展会失去平衡。

那么在选择团队成员时，我们应遵循何种基本原则呢？面对同样两个具有市场开拓经验的人，我们该如何去做选择？初创团队薪酬一般不高，且面临很多风险，是什么样的因素可以吸引到有能力的人加入我们的团队呢？

案例分析

特斯拉的初创团队

说起特斯拉的成功，相信人们都会在第一时间想到"万能"的埃隆·马斯克，但极少有人注意到，在马斯克背后还有一位忠实而内敛的技术操盘手。如果没有这个人，马斯克很可能在十几年前和电动车领域失之交臂，或在创业最艰难的那两年痛失这家公司。

这位默默站在马斯克背后的人，就是特斯拉的 CTO——斯特劳贝尔（J B. Straubel）。

斯特劳贝尔出生于美国威斯康星州，他的曾祖父那一代曾在 19 世纪 90 年代末创立斯特劳贝尔机械公司，为美国的船舶制造了第一批内燃机。家族传承的"自己动手"精神深深影响着斯特劳贝尔。在童年时期，他就已经是一名疯狂的"极客"了。

在斯坦福大学就读的时候，斯特劳贝尔在合租房子的车库里"鼓捣"自己的发明。毕业后，斯特劳贝尔一直与斯坦福大学太阳能车队那群叛逆的极客工程师朋友保持着良好的关系。一天晚上，当他们聚在一起聊到电池技术发展时，斯特劳贝尔被一个奇妙的想法击中了——如果把一万块锂离子电池串联在一起，会发生什么？

这个想法久久萦绕在斯特劳贝尔脑中，在见到马斯克之后变成了现实，那时马斯克刚刚通过把 PayPal 卖给 eBay 成了千万富翁，正在寻找下一个值得投入的项目。

"我们之间的开始是一顿午餐，最终它成就了特斯拉"，斯特劳贝尔说，"在那顿午餐里，我们大部分的时间都在谈论电动飞机。我对他说我正在研究一个有关汽车的疯狂项目，我想要开发一个能跑上千公里的锂离子电池组。"

在马斯克的心底，一直存有电动汽车的火种。在宾夕法尼亚大学就读期间，马斯克就曾设想过一种用于电动汽车的"超级电容器"，并完成了相关论文。但直到遇到了斯特劳贝尔，马斯克才真正摸到这扇通往新世界的大门。当他得知锂离子电池在技术上取得的进步时，与斯特劳贝尔一拍即合，当场承诺会投资斯特劳贝尔1万美元。

他们成立了特斯拉汽车公司，斯特劳贝尔担任 CTO，马斯克提供了公司成立最主要的一笔 750 万美元的资金，成为公司主席。

课堂提问

是什么让马斯克和斯特劳贝尔成为最佳拍档？是什么让他们互相吸引？

案例启示

马斯克被称为科技狂人，也被称为梦想家。马斯克是一个试图通过技术改变世界的人，而这和斯特劳贝尔一拍即合。他们的着眼点都不在于是否能够升职加薪，而是期待能够实现那些"疯狂"的想法。而这个认知水准的高度一致，让他们能够彼此吸引，互相成就。

知识探究

在创业型人才的定义和素质模型中，我们对何为创业型人才，如何建立创业型人才素质模型进行了探索。所谓创业型人才是充满创新精神、创业激情，喜欢冒险和挑战，富有好奇心，愿意不断创造的人；从事业生命周期看，是能够将事业从 P1 阶段带到 P5 阶段的人。人才素质模型 = 理念 × 意识 × 能力 × 知识 × 经验。当我们选择初创团队合伙人的时候，我们要对他的"冰山上的部分"和"冰山下的部分"进行全面的考量。人无完人，我们很难找到完全符合我们各项素质模型要求的人，那么，在进行选择甄别的时候，我们更看重的是什么呢？

2015 年 7 月，一直很爱才惜才的雷军拒绝了一位高管极力推荐的"牛人"加盟。这个人原本在一家对小米非常重要的供应商公司工作，履历接近完美。他在前公司接手业务的时候，一年销售额只有 900 万美元，4 年后，他做到了 2 亿美元。他和雷军谈了一个多小时，得意洋洋地对雷军说，"我有能力把稻草卖出黄金的价格，这就是我的能力。"但雷军却答道：你不适合小米，你跟我们的价值观不相符，小米不喜欢骗用户的人。

雷军对员工说：我们创办小米，不喜欢用坑用户的人，我也不喜欢能把稻草卖成金条的人，我们不需要。我们要像农民种地一样，一分耕耘一分收获。哪怕这种人在市场上非常受欢迎，这也不是我们的哲学。什么叫真材实料？什么叫和用户做朋友？如果有一天，你知道你的朋友是把稻草用黄金价格卖给你的时候，他是你的朋友吗？

对于雷军而言，他需要找到志同道合的伙伴，特别是核心骨干，他需要这些人的关注点不能仅在收入的提高、职务的提升等方面，而应该更加关注自我价值的实现和对社会的贡献。只有在这个层次上达到共鸣，才能在很多关键问题上达成一致，在关键决策中形成共识。

这种对于自己劳动价值的期望成就层次，我们称之为劳动欲望。每个人都有劳动欲望，有些是为生计所迫，有些是为了更大的愿景。选择团队成员，需要了解他们的劳动欲望是什么，这样才能为他们设置更合适的岗位，以及采取相应的激励措施。

每个参与者的劳动欲望水准可能都不一样。我们将劳动欲望水准分为 7 个层次，分别是基本生存、团队认可、收入的提高、职务的提高、自我价值的实现、对企业的贡献和对社会的贡献，如图 5-5 所示。

层次	劳动欲望	物质追求	索取心态	工作能力	贡献社会范围	物质获取	应有的水准		
							高层	中层	基层
7	对社会的贡献	低	弱	强	宽	多			
6	对企业的贡献								
5	自我价值的实现								
4	职务的提高								
3	收入的提高								
2	团队认可								
1	基本生存	高	强	弱	窄	少			

图 5-5　劳动欲望的水准

注：此知识概念摘自广州翔蓝企业顾问管理有限公司。

在考察团队成员时，对于不同层级的成员，对他们的劳动欲望水准的考察要求也不同：

1）基层成员的劳动欲望应该在层次 1~4，核心是职务提高。

2）中层成员的劳动欲望应该在层次 3~6，核心在于自我价值的实现和对企业的贡献。

3）高层成员的劳动欲望应该在层次 5 ~ 7，核心在于为企业做贡献和为社会做贡献。

如果是初创核心成员，那么劳动欲望层次应该是 5 ~ 7，否则无法带领团队走得更远。所以在选择初创团队核心成员的时候，我们首要考察的就是他们的劳动欲望，他们对于自己的劳动价值期待到底在哪个水准。

这是个很有意思的现象，人们脑海中往往会同时浮现多个劳动欲望（见图 5 - 6），越是追求物质的时候，得到的物质反而越少。对企业也是一样，如果创始人眼睛只盯着销售额，长期来看，得到的销售额越少。企业老板的欲望水准越高，员工欲望水准提高得越快，员工能力提高得速度也会越快。

对于团队负责人来讲，知道员工的劳动欲望水准，满足其劳动欲望，会让员工主动

图 5 - 6　脑海中不同的劳动欲望

性得到最大的激发，是团队管理的重要手段。一个劳动欲望很高的人，如果仅仅满足他的金钱欲望，他会觉得自己的价值没有得到应有体现，获得感的缺失会让他离开这个团队。一个刚进入公司的年轻人，劳动欲望水准还停留在基本生存层面，这时候团队负责人只谈愿景和使命，而不给予相应的物质回报，同样也会让年轻人很快选择跳槽。

所以劳动欲望水准的清晰，对于团队负责人来讲有以下 2 个意义：

1）激励员工。明确员工诉求，满足其相应劳动欲望，可以增加团队的稳定性。

2）人岗匹配。公司不同层级的岗位，需要不同劳动欲望层次的人才来担任。

▌讨论与思考▌

对自己的劳动欲望水准进行评估，你觉得自己在哪一层？

对于小组成员的劳动欲望水准，从自己的角度进行评估，再对比其他人的自我评估，是否一致？如果不一致，原因是什么？

延伸阅读

马化腾五兄弟：难得的创业团队

腾讯创造出奇迹靠的是团队。1998 年的秋天，马化腾与他的同学张志东"合资"注册了深圳腾讯计算机系统有限公司。之后又吸纳了 3 位股东：曾李青、许晨晔、陈一丹。这五个创始人的 QQ 号，据说是从 10001 到 10005。为避免彼此争夺权力，马化腾在创立腾讯之初就和 4 个伙伴约定清楚：各展所长、各管一摊。

马化腾是 CEO（首席执行官），张志东是 CTO（首席技术官），曾李青是 COO（首席运营官），许晨晔是 CIO（首席信息官），陈一丹是 CAO（首席行政官）。在企业迅速壮大的过程中，要保持创始人团队的稳定合作尤其不易。在这个背后，工程师出身的马化腾一开始对于团队合作的理性设计功不可没。

从股份构成上看，五个人一共凑了 50 万元，其中马化腾出资 23.75 万元，占了47.5% 的股份；张志东出了 10 万元，占 20%；曾李青出了 6.25 万元，占 12.5% 的股份；其他两人各出 5 万元，各占 10% 的股份。

虽然主要资金都由马化腾出，他却自愿把所占的股份降到一半以下。"要他们的总和比我多一点点，不要形成垄断、独裁的局面。"而同时，他自己又一定要出主要的资金，占大股，"如果没有一个主心骨，股份大家平分，到时候也肯定会出问题，同样完蛋。"

保持稳定的另一个关键因素，就在于搭档之间的"合理组合"。据《中国互联网史》作者林军回忆说，"马化腾非常聪明，但非常固执，注重用户体验，愿意从用户的角度去看产品。张志东是思维非常活跃，是对技术很沉迷的一个人。马化腾技术上也非常好，但是他的长处是能够把很多事情简单化，而张志东更多是把一个事情做得完美。"

许晨晔和马化腾、张志东同为深圳大学计算机的同学，他是一个非常随和、有主见，但不轻易表达的人，是有名的"好好先生"。而陈一丹是马化腾在深圳中学时的同学，后来也就读深圳大学，他十分严谨，同时又是一个非常张扬的人，他能在不同的状态下激起大家的激情。

如果说其他几位合作者都只是"搭档级人物"的话，那么曾李青就是腾讯五个人创始人中最好玩、最开放、最具激情和感召力的一个人，与温和的马化腾、爱好技术的张志东相比，属于另一个类型。其大开大合的性格，也比马化腾更具攻击性，更像拿主意的人。不过或许正是这一点，也导致他最早脱离了团队，单独创业。

在中国的民营企业中，能够像马化腾这样，既包容又拉拢，选择性格不同、各有特长的人组成一个创业团队，并在成功开拓局面后还能依旧保持着长期默契的合作，是很少见的。而马化腾成功之处，就在于其从一开始就很好地设计了创业团队的责、权、利。能力越大，责任越大，权力越大，收益也就越大。

资料来源：公众号"综合一栏"，有部分删减。

本节小结

　　本节重点介绍了板凳模型和劳动欲望两个工具，这是我们选择初创团队成员以及管理员工的重要助手。不仅是在组建团队的时候，还是在企业进入成熟期之后，或是在选择不同级别的员工的时候，我们都可以采用这个劳动欲望的工具。基层员工、部门负责人、经理人，他们所处的企业位置不同，劳动欲望要求的水准自然也不同，否则就无法做到人岗匹配，对企业吸引人才，储备人才，培养人才都会产生重要影响。

5.3　团队组建中的分工与定位

5.3.1　各守其职定分工

案例分析

分崩离析后的"重生"

　　视觉传播成立于 2012 年 5 月，筹建时有 8 位成员，创立初期 4 位股东没有明确分工。受访时公司刚成立两年，然而用公司负责人小王的话说："公司正式上路是 2013 年 4 月，那时候刚好完成股东调整，2 位股东退出，2 位新股东加入，目前仍有 4 个股东"。公司主营业务是广告设计，公司遇到重大问题时由股东商讨，但最后决策则由小王一人拍板。目前长期聘用的稳定员工有 2 人，主要顾客有三类：第一类是政府订单，比例占 60%，但利润贡献却仅有 10%，属于转包；第二类是中小企订单，比例占 30%，利润贡献占 50%；第三类是大企业，比例仅 10%，利润贡献则达到 40%。顾客主要是依靠创业后结交的朋友介绍的工程，也包括大公司拿到政府项目的转包业务。公司在 2013 年股东调整不久后实现收支平衡。未来公司考虑以广告业务为基础，同时打造创业者合作平台。

　　在 2012 年的时候，公司 8 位创立者（4 位股东）意气风发，借助影视配乐的主营业务，通过入园答辩正式进驻学校创业园。作为公司的负责人，小王很清楚影视配乐是无法维持公司的生存的，因为这需要投入大量资金购买设备，但公司如此年轻，很难在这个专业领域

"杀出血路"。于是，当时制订的经营策略是以广告业务为生存依靠，同时兼顾部分影视配乐，意图通过广告养活公司，又能逐步建立影视配乐的业务基础。

然而公司的实际经营步伐并没有如他所愿，除了外部竞争压力外，最大的障碍竟然是来自公司内部，是股东之间的分歧！4 位股东均是相识的同学，因为没有经营管理的实战经验，又不懂得分工协调，4 位股东每每遇到分歧最后都无法达成共识，一年的创业期，不但没有谈成什么业务，还让股东本已存在的创业理念分歧越来越明显，多次磨合均未奏效，原本的创业激情早已消退，随之而来的是变本加厉的负能量，年轻的团队终于走向最后的分崩离析。

面对逆境，小王最终还是选择了壮士断腕。在股东关系无法调和的时候，协商让两位老股东退股离开团队，他重新物色到两位新股东，充实了队伍，也注入了资金，在公司最艰难的时候力挽狂澜，把公司重新拉回经营轨道。今天在他看来，这个经历带给他的经验教训，竟是整个创业两年期间最大的"收获"。新团队成立后，他重整旗鼓树立自己在公司的绝对权威和决策地位，他比过去任何时候都注重股东之间的有效沟通和思想统一，也从此开始走向赢利之路。

展望未来，他希望把大企业作为自己的主要客户，在 2 年内把年营业额提升到 500 万 ~600 万元，团队规模在精不在多，10 ~15 人足矣。

两年的创业经历，让小王深刻地认识到统一团队核心成员思想的重要性，也通过股东退出的事件让他看到自己领导能力的不足，给自己敲响了警钟。特别值得一提的是，初次接触投资人，对方提出提交完备的商业计划书的要求，其中的经营模式、核心竞争力、公司规范性等因素，让他顿时手足无措，也让他的准投资人感到吃惊。吃惊的是小王公司产品不错，没想到内部居然存在这么多的"不完备"。这一次不成功的融资，给他很大的启发，他开始认真地梳理的公司的组织架构及人员分工，建立了"执行董事—总经理—执行总监—职能部门"的四级管理机制，而他又将职能部门分为技术部、运营部及设备部。这次梳理让他打心里明白到科学管理的重要性。

课堂提问

小王的公司在初创期最大的挑战来自内部，你认为这些爆发出来的问题，是什么时候埋下的隐患？如果你要创业，你会如何避免？

案例启示

在案例中，小王作为团队的负责人，在组建团队的时候就埋下了一些隐患，例如，核心股东的同质化严重，股东都是自己的同学组成，没有形成互补的专项能力；没有共通的创业理念，导致股东之间的分歧越来越严重；公司的组织架构不清晰，分工不明确，导致很多问题无法高效决策，阻碍了公司的发展等。

知识探究

在组建团队的时候，我们需要将团队的架构搭建清晰，分工明确，每个成员找准自己的定位，找准自己的职责，一个团队才能协同作战，形成合力。

1. 企业经营者的职责

一个初创团队要有领袖，它是一个团队的灵魂所在，我们称之为企业的经营者。经营者除了要有理念，懂业务之外，还有一个重要的职能就是决策，并且是关乎企业的战略决策。决策的科学性和有效性，非常大程度依赖于经营者的视野是否宽泛。

在全球经济一体化的浪潮下，能够放眼世界经济的宏观动向，看到产业、行业的发展趋势，才能更好地把握市场机遇，做好企业的发展布局。俗话说"人无远虑，必有近忧"，企业也是如此，无法看到长远的发展趋势，防患于未然，不仅容易错失良机，甚至让企业陷入被动。

经营者视野越宽泛，对战略的决策越灵活，就会有更多的选择与实现路径。视野越窄，对战略的决策越固执，抱着既有的概念，死守旧的思维框架，就会绑住了企业发展的视角。雷军曾说："站在风口上，猪都会飞"，就是比喻了发展风向对于企业发展的助力。但经营者如果仅仅着眼于当下的一阵风，风过去了，企业也很容易从高处跌落。企业经营者要着眼于企业的长期发展，把握社会经济发展的宏观趋势，做出对企业最有利的战略决策。这是经营者的职责所在。

2. 初创团队成员的分工与职责

除了企业经营者，团队中的核心成员也要把握好自己的角色与职责。如果分工不明确，角色定位不清晰，就会出现互相推诿，彼此埋怨，三个和尚没水喝的现象。在上文"视觉传播"公司的案例中，小王在重组股东之后，也重新对企业内部成员的架构进行了划分，建立了四级管理制度，开始了科学经营、科学管理的发展路径。

我们将企业内部不同层级的经营管理者称为 TOP，不同层级 TOP 的职责是不同的，见表 5 - 1。

表 5 - 1   不同层级 TOP 的职责分工

经营 TOP 职责：（成长追求）
1. 结合外部环境，制定战略政策，并与下属共识
2. 结合战略政策，构筑企业体制，并与下属共识

（续）

部门 TOP 职责：（利益追求）
1. 结合内部资源，根据战略制定战术政策，并与下属共识
2. 根据战术政策，构筑部门体制，并与下属共识
团队 TOP 的职责：（效率追求）
1. 结合人际关系，根据战略和战术制定团队政策，并与下属共识
2. 根据战斗政策，构筑团队体制，并与下属共识

注：此知识概念源自广州翔蓝企业顾问管理有限公司。

每个层级的 TOP 都有自己的职责所在，守土有责，抓住自己工作的重点，有效实施。但在初创团队阶段，由于人手有限，作为创始人往往身兼多职，自己同时肩负着经营 TOP、部门 TOP、团队 TOP 三重职责。所以在实际经营过程中，创始人往往非常忙碌，在各种角色间转换，也容易发生一个问题，就是被日常经营中的琐事缠身，忘记了作为经营 TOP 制定战略、构建体制的职责。这对于企业的长远发展是非常不利的。表 5 - 1 给予我们两个重要启示：

第一，学会抬头看天。初创团队的经营者既要低头走路，也要抬头看天。要学会跳出来看问题，从更宏观的角度去思考企业的经营政策；也要学会躬身入局，与员工一起打好每一次营销战役，服务好每一位顾客。

第二，学会授权。当企业发展规模逐渐扩大，有了两层或者三层的组织分层，那经营者的另一个功课就是学会授权，不和下级"抢饭碗""抢功劳"。如果经营 TOP 总是将下属的职责都揽在自己身上，一方面会出现职责不清，流程混乱的局面；另一方面下属在这份工作中会失去价值感。这会造成人才流失，特别是优秀人才的流失。

 |讨论与思考|

角色扮演：请将小组成员进行分工，确定经营 TOP、部门 TOP、团队 TOP 分别是谁。假设你们在经营一家咖啡厅，在公司的月度会议上要提出下一步工作计划。请问以你们的角色职责而言，你们会提出哪些工作计划呢？

经营 TOP：

部门 TOP：

团队 TOP：

延伸阅读

随着公司的发展壮大，企业的经营者和所有者会逐渐分离，产生比较完整的现代企业的结构，如图5-7所示。

股东是公司的所有者，拥有公司的股权，股东选举产生股东大会，股东大会对全体股东负责，董事长向股东大会负责，执行股东大会的决议。总经理是公司的管理者，负责公司具体的运行与管理，在总经理下面，有公司的高层、中层、基层来层层负责。

图5-7　现代企业结构

5.3.2　把脉风格找定位

案例分析

每个企业都有自己的管理模式，不同的企业有不同的组织形态。当走进一家制造型企业，会看到其有着非常严苛的标准化流程管理。这其中包括零件的存取摆放标准、作业标准、着装标准等。但是当走进一家互联网公司，会发现组织整体呈现出来的风貌更加轻松和多元化。例如，穿着休闲，上下班不用打卡，有专门的区域供员工进行头脑风暴等。无论哪一种组织形态的设置，都会诞生优秀的企业。寻找恰当的组织风格，会帮助企业更好地适应时代的需求。

20世纪80年代中期之后，"蓝色巨人"IBM在计算机产业由大型主机向兼容型电脑转型的过程中，曾经陷入增长乏力的泥潭，康柏、苹果等公司迅速崛起，取代了IBM的领跑者角色。1993年，路易斯·郭士纳执掌微软。在他任职的9年间，使面临绝境的"蓝色巨人"重新崛起，公司股价上涨了1200%，他被称为"扭亏为盈的魔术师"。在他一系列大刀阔斧的改革中，其中有一项改革一度引起巨大争议。IBM被称为"蓝色巨人"，在很长时间里，蓝色是一种宗教般的存在，从公司的标识、产品的外观、工厂的墙体到工作服，均以蓝色为基调。在郭士纳看来，这是僵化和老态龙钟的表现，他不顾内部的激烈反对，下令取消员工必须身着蓝色西装的限制。当色彩自由之后，思想和组织的自由才可能迸发出来。他说："当一个组织程序已经变得不受其来源和内容约束的时候，你所面临的首要任务就是要全盘抹掉这个程序本身。"

课堂提问

从 IBM 的案例中你得到那些启发？

哪种企业的组织风格更适合初创企业呢？

案例启示

每个家庭都有自己的家庭氛围，有自己的形态，形成独特的文化，这就是"家风"。企业组织形态和家庭形态类似，也会有自己独特的风格。

知识探究

现实生活中，我们会看到不同类型的团队组织形态。到底哪种才是适合自己的？我们看到富士康的组织风格帮助他们提高了生产效率，在制造业取得了成功，我们也看到以谷歌为代表的互联网企业，他们的组织风格也同样帮助他们保持了组织活力，站在时代浪潮的前端。

对于任何一个公司来说，不同的组织和团队的结构产生都不是随意而为之的，而是为了顺应企业的发展而产生的，最终形成的就会是一种最有利的团队形态。通常来说，我们在考虑团队的架构时，会考虑以下 4 个方面：

1) 我们所处的行业。

2) 我们的战略。

3) 我们如何协调资源去完成产品、销售以及客户服务的一系列流程。

4) 我们希望培养什么样的团队文化。

可能大家在搭建团队时不一定会系统考虑这些问题，但这些因素一定会在组织和团队结构的形成过程中产生影响。我们所说的组织形态主要有两种，军队型组织和球队型组织。军队和球队都是高绩效组织的典型代表：有明确目标，需要通过团队的协作、高超的表现能力才能赢得胜利。对于这种组织形态的清晰认知，有助于我们把握正确的团队搭建方法。那么他们的不同点在哪里呢？

首先，从命令到赋能

军队型组织要求执行度高，无条件遵守命令，以服从命令为天职。就像电影《集结号》，如果没有得到命令，就算战死疆场，也不能下火线。而球队型组织的主要特点是球员根据场上的实际情况随时应变。整场比赛的策略会在赛前制订好，但针对现场的情况变化，要求球员快速做出反应。正如前曼联主帅佛格森所说：球员一跨过球场线，就不是教练能控制的了。

其次，从集体力量到个性崛起

军队型组织要求整齐划一，强调团队风格和集体利益，不凸显个人色彩。只有集体有效益，才会有个人的成绩。而球队强调个体的价值和差异。每个人的能力互补，前锋、中场、后卫各司其职，才能组合成一支完整的队伍。球队强调球星的力量，在这样的团队中，最容易看到耀眼的明星诞生。

两种团队形态对于个体的成长也有差异。对于球员来说，可以在为某支球队效力的过程中展现和提升自己的能力，而这样的能力是属于个体的，是个人品牌凸显的过程。而在军队型组织中，个体的价值可能随着他离开团队而消失。两种团队形态各有特点，不存在好坏，关键是适合与否。不同的组织团队形态，在不同的情况下会带来不同的价值，这种价值正是企业所需要的。

对于需要规模化、标准化管理的组织，军队这样的组织形态是他们所需要的，所以我们看到了像富士康这样的企业实行的军事化管理。而对于市场形势变化飞快的行业，可能球队型的组织形态会更适合他们。因为行业和用户的需求变化快，对外界的快速响应能力已经超越效率而成为核心竞争力。距离市场和用户更近的员工有资源可以进行快速决策，迅速形成小的产品迎合市场，这才是新的生命力。我们看到很多成功的案例，如华为的铁三角、韩都衣舍的产品三人组、海尔的事业合伙人等。

 讨论与思考

请同学们谈谈自己的项目适合哪种组织形态，为什么？

延伸阅读

图5-8是一些典型的组织和团队类型，可以看到不同类型的公司会采用适合他们的组织结构。

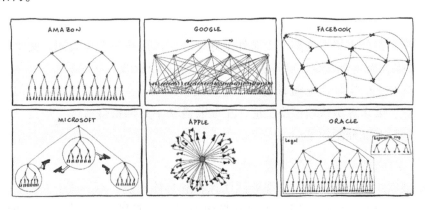

图5-8　不同企业的组织形态

本节小结

企业是一个整体，在运行过程中，需要各机构的紧密配合。企业的经营者要有宽广的视野，能够看到企业更长远的发展，做好企业的战略决策，而企业的中层、基层领导者也有自己的职责所在，各守其职，有效配合，才能打好混合拳，形成合力。企业的组织形态的设置也需要创始人认真思考，从一开始做好布局，从组织机构的设置，到企业文化的营造，都能够互相匹配，共同为企业的发展助力。

【团队组建与管理计划书】

请完成附录 B：《团队组建与管理计划书》中的第二部分——我的团队组建方案。

第6章 制订团队招聘方案

| 案例分析 | 知识探究 | 讨论与思考 | 延伸阅读 |

人既尽其才，则百事俱举；百事举矣，则富强不足谋也。

——孙中山

 本章导读

对于初创企业而言，"识人难"是一大痛点，当我们掌握了组建团队的原则原理，接下来就是学会做一个"伯乐"去识别谁是真正适合企业的"千里马"。本章帮助同学们掌握人才招募的基本流程和原则，掌握常用人才甄选的方法，学习吸引和激励人才的方式方法。

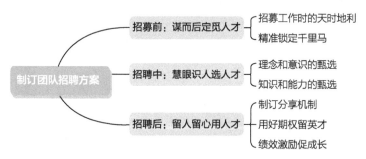

能力目标

- 能掌握团队招聘前准备工作，会制作岗位说明书。
- 能掌握团队招聘中的常用方法，并能制订适合本项目的招聘方案。
- 能掌握团队招聘后的人员激励方法，并能制订适合的人才激励方案。

6.1 招聘前：谋而后定觅人才

6.1.1 招聘工作时的天时地利

案例分析

腾讯的精兵策略

2012 年，腾讯开始部署精兵策略，因为过去两年人员增速过快，粗放的招聘给人才质量埋下隐患。腾讯开始做以下两件事：

第一件事：通过产品人力盘点盘活冗余人力。

摸清楚人投到产品和项目中产生的效能。当业务忙着去抓一些时间窗，资源投放难免粗放，可能顾不上精细化管理。但公司非常关注人员价值和效率，通过基于产品项目维度的人力投入分析，摸清楚各个业务资源投入的"家底"，并推动相应的管理决策，把生命周期末期或者前景不看好的产品中消耗的人力释放出来，补充到公司真正要发力的业务和产品上去，使资源投入更加合理。

第二件事："精兵"项目抓人才质量。

广开源，即想要选出优秀人才，首先得要有足够多的候选人可选。

精甄选，即强调八个字，精益求精、亲力亲为。

1）精益求精。包括两个标准：

新增招聘，即招聘的标准不能低于团队的平均水平。

离职替补招聘，即应该不低于离职员工的职级水平。

2）亲力亲为。招聘是最不能授权的事情。如果过度地往一线授权的话，会导致什么结果？越是一线的人去招聘，很可能招回来的是"神经末梢"的执行单元，把眼下的一亩三分地的活干完就完了。

课堂提问

什么时候是招聘新员工的时机？招聘人数如何测算才科学？

案例启示

在一个团队中，招聘的员工越多，并不代表效率就越高，过快增速反而会带来人才质量隐患。盘活、提升现有的人力资源，精益求精，做好新进人员招聘工作，方能打造一只精兵团队。

知识探究

1. 合适的招聘时机

一些创业者会将公司人数的增长、规模的增速当成一件比较荣耀的事情，但其实过快的增长会给企业带来很大的压力。人数增长并不一定能够带来真正的业务增长，因为员工增加的同时意味着成本的增加，这里的成本包括经济成本和管理成本。虽然人才是企业发展的根本，但是在招募之前，需要考虑到人员的实际工作效率，否则也是对人才发展不负责任。

作为企业的创始人，在决定要增加多少人的时候，一定要三思而行，要确保招进来的每个人都是企业需要的，都是能为企业解决问题的。同时要注意到，单纯靠招人增加业绩是一种低效的增长方式。一旦人员招募的指标被冻结，员工就会想办法通过其他方式去提升业绩和效率。例如，通过技术提升的方式或者业务模式改变的方式来达到业绩增长的目的。而这些因素带来的增长才是质量更高的，也更有可能在未来给企业带来更多的业绩回报。

我们把人才招聘的过程分为两步：第一步是前期人才储备，第二步是正式招聘、迎接进入。

对初创型公司而言，储备人才是管理者每天要做的事情，因为好的人才不一定会按照企业的需求时间点出现，所以需要不断地去留意、不断地观察，以免错过需要的人才。储备人才是日常工作，但正式进入团队的时间需要把握。

进人的时机要与公司战略和业务发展相匹配。公司发展是螺旋上升的动态过程，公司需要的人力也会随之发生变化。公司业务上升了，然后发现人手不够了，于是增加了新员工，推动业务上升到一个新的高度，在新的层次上，人力又不够了……人力需求和公司业务发展二者之间永远是这样一个螺旋上升过程，如图 6 - 1 所示。

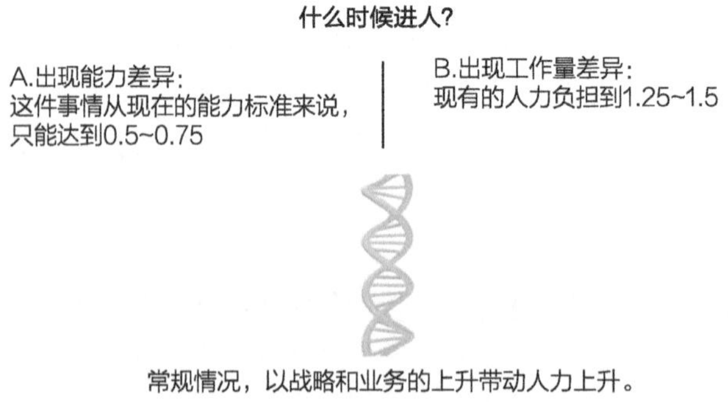

什么时候进人?

A.出现能力差异：	B.出现工作量差异：
这件事情从现在的能力标准来说，只能达到0.5~0.75	现有的人力负担到1.25~1.5

常规情况，以战略和业务的上升带动人力上升。

图6-1　人力需求和公司业务发展进程图

那么在什么情况下，企业需要增加人手？

第一种情况：能力不足

面对现有业务，依靠现有人员的能力，最多只能满足 50% 到 75% 的需求，这个时候管理者要考虑从外部引入一些更加有能力的人来弥补现有空缺，带领业务发展。

第二种情况：重复劳动，负担过重

员工在能力上没有缺口，但在重复劳动的时候，现有员工承担的工作达到了他现有时间负荷的 1.2 倍到 1.5 倍。这个时候，企业需要考虑的是立刻增加人手，而未来这方面的人手可能也会被机器替代。

另外，有时候当团队内部存在疲态，从外部招募人员加入，能够带入一些新的灵感和文化，对激发组织活力也有帮助。

在新型雇佣关系下，特别是对于一些非核心岗位的人手，招人可能往往不是企业的唯一选择。有时可以通过兼职或者外包合作的方式来弥补企业的需求。而未来可能有越来越多的人不受雇于某家公司，个体和公司的关系将从雇佣变成了合作。

2. 合适的招聘渠道

人员招聘渠道有很多，对于我们熟悉、了解的人，我们基于共同的愿景，可以比较容易地将其吸纳进团队，成为合伙人或者团队合作伙伴。对于其他的人，我们更多地需要一些外部渠道和他们建立联系。我们需要了解不同渠道的特点，在不同情况下使用哪些招聘渠道会更有效。

按照招聘形式，我们分为线上和线下两种渠道，线上主要包括以下几种：

第一类是在大家很熟悉的专业招聘网站上发布招聘的信息，如 "51Job" "猎聘网" "智联招聘" 等，这些网站都是综合性的社区，网站上会提供比较综合而全面的行业和岗位。

第二类是专业性和垂直性的招聘网站。例如，专门针对互联网行业的 "拉勾网"，在网站上有比较全面的互联网岗位细分，从产品经理、开发到运营等。还有一些面向专门人才的网站。

第三类是采用猎头的方式。针对一些具体的、重要的、急需的人才，企业可以通过猎头来与这些人才取得联系。

第四类就是通过一些职业社交的网站招聘人才，如 "赤兔" "LinkedIn 领英" "BOSS 直聘" "脉脉" 等。

另一方面，随着新媒体的普及，越来越多的招聘将通过新媒体开展。上亿数量级的社交网络用户，比起仅有千万数量级的传统招聘网站，具有天然的社区优势。在辨识并找到目标候选人后，企业应当与之沟通并经营好和目标候选人之间的社交关系。候选人使用不同的终端设备接入网络，借助碎片化的时间进行体验并构建起对一家雇主的印象，他们希望看到更加真实、更加融入生活的评论，而并不是官方言论，例如，部门经理撰写的一篇职业发展心得可能比一个职位简介要更加有吸引力和容易被分享。"在互联时代，如何让人才找到我们才是决胜人才战的关键"，大道至简，换个角度，其实降低人才找到我们的成本，也就是"找人难"问题的最佳答案，没有之一。

线下的招聘渠道主要包括以下几类：

第一类，校园招聘。根据招聘人员的专业需求特点，参加相关专业的校园招聘会。招聘会可以现场进行初步的面试筛选，同时都是一些专业对口的学生投递简历，是一种较低成本的招募方式。

第二类，人才市场。可以参加当地政府组织的一些大型人才招聘会，该渠道综合性强，适用于一些对于业务要求较低、综合性素质要求较高的岗位。

第三类，人员推荐。可以发动周围的亲戚、朋友共同帮忙物色合适的人选。这种渠道可以了解到人员的基本情况，也就是所谓的"知根知底"，如师兄推荐师弟，老师推荐学生，朋友推荐朋友等。

 | 讨论与思考 |

模拟演练：某校园文化衍生品公司想招募一名平面设计师，请列出招聘渠道，并评估哪种渠道性价比高？哪种渠道更有效？

| 延伸阅读 |

如何破解初创企业的招聘困境

《2020 年大中华区 IT 创业公司的人才吸引与保留报告》显示，2018 年让全球初创企业创始人感到困扰的九大难题中，杰出人才的吸引与招聘超过后续融资、获取客户等难题，以 66% 的比例位列榜首。

另据一组北京地区程序员调研显示，明确表示能接受天使轮和 A 轮企业雇佣的程序员分别只占 5.3% 和 8.8%，而明确要求 D 轮以上和上市企业的候选人，则达到了19.7% 和 19.2%。

面对如今人才主导型的招聘市场现状，初创企业该如何赢得顶尖人才的青睐？

第一件事，提供关怀福利，招聘高效能员工。

在与行业巨头企业打响的 2020 年人才争夺战中，无影响、无市场、无品牌的初创企业能够提供的关怀福利，有助于获得顶层人才的青睐。

诚然，创业企业在未上市前从薪酬上很难与大企业匹敌，但是可以通过给予更高的职称、原始股份、期权或年底分红去吸引人才。与此同时，房贴、饭补、工作灵活度、年假和医疗保险也是利好因素。这些福利不在于大小，而在于让面试者觉得自己的企业正在照顾他们，那么他们更有可能在企业感到快乐和满足。

第二件事，把面试者当成投资人对待。

加入创业企业，对于任何人来说，都是一个冒险的行动。所以企业需要说服面试者，相信该企业在这个竞争激烈的市场，也可以赢得一定的竞争优势。一个关键技巧是，把面试者当成投资人去聊，充分说明企业在与行业巨头的竞争中，为何能撑过前36 个月，成为创业企业中极少数的 10%（因为 90% 的创业企业都会在前 3 年"死掉"），也要确保对他们做出的承诺符合他们的预期，他们清楚自己接下来要进入的是怎样的环境。当然，最重要的是让他们明白，加入你的创业企业，是一个独一无二的机会，是一个可以一展抱负的机会。

第三件事，企业 CEO 是最大的 HRBP。

一个好的企业文化往往是不变的，在企业早期就被确立了的。倘若企业 CEO 在招聘过程中，不亲身参与，那么创始人的文化可能很快就被前 10 号员工的文化代替。一个创始人必须把他的大量时间花在找候选人、招聘、面试和调查上，确保找到的人适合团队，并相信创始人的企业文化。

让企业 CEO 成为被仰望的创始人。如果说，曾经的求职者在寻找公平的薪酬、职业的发展，那么如今的求职者更注重的是自治、自由和组织扁平，他们尤其渴望与可以仰望的创始人合作。

资料来源：腾讯网。

6.1.2　精准锁定千里马

某外资公司因发展需要，在本月先后从外部招聘了 A、B 两位行政助理（女性），结果都失败了。具体情况如下：

员工 A：主要负责前台接待，入职当晚公司举行聚餐，A 和同事相谈愉快。结果入职第二天未上班，电话告知决定辞职。她自述的辞职原因：工作内容和自己预期不一样，琐碎繁杂，觉得无法胜任前台工作。HR 印象：内向，有想法，不甘于做琐碎、接待人的工作，对批评非常敏感。

员工 B：主要负责前台接待、出纳、办公用品采购、公司证照办理与变更手续等，工作 10 天后辞职。自述辞职原因：奶奶病故，需要辞职在家照顾爷爷。（但当天身穿大红毛衣，化彩妆。）B 曾透露家里很有钱，家里没有人打工。HR 印象：形象极好、思路清晰、沟通能力强，行政工作经验丰富。总经理印象：商务礼仪不好，经常是小孩姿态，撒娇的样子，需要进行商务礼仪的培训。

课堂提问

如果你是 HR，如何避免这种情况的发生？

案例启示

很多老板都认为招到合适人才的关键在于面试官的"火眼金睛"，其实不然。面试前的准备工作同样重要。发布清晰的招聘需求，这个笔墨功夫不能省。双方信息对称，才能做到人岗匹配。

知识探究

找到合适的人，是所有企业老板都非常关注的问题。千里马常有，而伯乐不常有。企业可以漫天撒网，通过各种渠道去开展招募活动，但是否最终能招聘到合适的人选，还要打个问号。如果企业耗费了大量的人力、物力、财力在招聘工作中，出现上文案例中的情景就让人啼笑皆非了。

如何避免案例中的情况？这需要企业老板能够准确地定义自己的岗位需求，并且非常清晰地将信息传达出去。这样才能保证应聘人员对于工作岗位有较为全面准确的理解，有一个合理的心理预期，入职后能够更好地适应岗位。这就需要拟定一份岗位说明书，拟定步骤如下：

1. 确认职位工作内容，设定基本信息

当编写岗位说明书时，往往是企业需要招聘新的职位，所以首先要做的是与用人部门再次沟通并确认新岗位的岗位工作职责和内容，然后设计表单表头的一些内容，具体包括：

1）职位名称。

2）所属部门。

3）职称职级（由内部高层沟通而定）。

4）直属上级。

5）薪资标准（往往是根据行业信息来确定一个范围）。

6）填写日期。

7）核准人（等）。

2. 编写职位概要

确认了表头的基本信息，那么这个职位的基本属性和沟通层级已经基本确定了，接着要做的是编写职位概要，此时需要注意以下几点：

1）用词要精确，避免概念模糊的词语（如可能、也许等字眼）。

2）语言要简短易懂（因为是概要，所以不要过于复杂）。

3）内容要涵盖所有工作内容，体现工作特性。

4）要给予岗位目标的描述。

3．填写工作内容

完成了职位概要后，就需要编写详细的工作内容，需要按以下步骤操作：

1）罗列出该职位的所有工作事项。

2）对工作细分进行归类。

3）按重要等级对这些工作内容进行排序，从重要到相对不重要排列，这样读者可以一目了然。

4）用词要确切，能体现出对职责的承担（如参与、制订、配合、完成等词语。

4．确定任职资格

工作职责内容确立后，为能充分找到合适人才，资格确认也是必不可少的，其包含以下要素：

1）教育背景（最好是与职位相关的专业）。

2）培训经历（与职位相关的培训履历）。

3）工作经验（设定时根据需要的资历来确定时间长短）。

4）技能技巧（可以辅佐此岗位的技能）。

5）态度（虽然抽象，却非常重要）。

5．其他

岗位说明书中还有一些不可或缺的部分，其主要内容包括：

1）工作场所。

2）工作时间。

3）环境状况（通常体现为脑力为主还是体力为主）。

4）危险性（相当重要，特殊的职业关系到特殊的待遇设定）。

表 6-1 是一个岗位说明书的模板，仅供参考。在使用过程中，要因岗位、因公司的实际情况进行调整。

表 6-1　岗位说明书模板

文件名称	岗位说明书		文件编号	
制订日期		生效日期	文件版本	
撰写人		审核人	审批人	
岗位名称		所在部门	岗位定员数	
岗位编号		部门编号	薪酬等级	
直接上级		直接下级		

（续）

所在部门 岗位图			
工作综述			

岗位职责

序号	工作项目	具体职责	关键业务流程
1			
2			
3			
4			
5			
6			
7			

工作协作 关系	内部关系	
	外部关系	

任职资格	任职资格项目	要求
	教育程度	
	专业	
	工作经验	
	工作知识	
	工作技能	
	素质要求	
	职称及其他证书要求	
	对身体健康要求	

（续）

其他	工作场所、环境	
	工作时间 特 征	
	使用的主要 工具/设备	

述职签字	任职人		任职人 上级		人力 资源部	

 课堂活动

请同学们分小组以校园文化产品的平面设计师为例，撰写设计师的岗位说明书。

1. 职位基本信息：

2. 职位概要：

3. 工作内容：

4. 任职资格：

5. 其他：

 延伸阅读

岗位说明书制订流程

1. 确定公司的组织架构和各部门的职能职责
2. 根据各部门的职能职责，确定各部门的岗位分级标准和具体的岗位名称

3. 针对各岗位进行职务分析

定义：包括工作分析（采用一定的方式，将工作分解为若干要素）和工作评价（依据工作分析的结果，按照一定的标准，对工作的性质、强度、责任、复杂性及所需的资格条件等因素的程度差异，进行综合评价的活动）。

作用：人事管理工作的基础，是企业进行人员招聘的一个重要依据；职务分析为每一项工作提供的信息有：Who、What、Whom、Why、When、Where、How 和 How much 8 个要素。

4. 制订职务说明和职务规范

职务说明：陈述工作任务和职责的文件，应切题而准确，简要说明期望员工应该做什么，应怎么做和在什么情况下履行职责。工作说明的内容根据使用目的的不同而有所变化，主要包括：

- 应履行的主要职责。
- 在各项职责上所耗费时间的百分比。
- 应达到的业绩标准。
- 工作条件和可能产生的危险。
- 完成工作的人数和接受其汇报的人数。
- 工作中使用的机器和设备。

职务规范：指规定从事某项工作的人必须具备的最基本的资格条件的文件，主要包含学历要求、工作经历、技能水平、个性特点及体格能力，工作规范常常是工作说明中的一个重要部分，常合并为一种形式。

5. 制订岗位说明书

职务分析结果包括职务说明与职务规范。一般情况下，可以用岗位说明书的方式来表述职务分析结果。

6. 对岗位说明书进行修订

为确保职务说明和职务规范的正确、清楚、易理解，应交由管理者和员工检查一遍，有助于获得对职务分析结果的认可和接受，并根据有关建议和意见，对岗位说明书进行修订。

本节小结

人员招聘是企业的重点工作，而在正式招聘前还有大量的准备工作。从制订人员招聘计划开始，什么时候招聘？招聘多少人？都是需要科学考量的问题。在初创团队人力资源有限的情况下，从哪些招聘渠道能够更加有效地开展招聘活动？要达到精准招聘，还需要制订招聘的岗位说明书，从而能够在茫茫人海中找到人岗匹配的员工。招聘的前期准备工作做好了，招聘工作才能顺利开展，为企业的发展提供强有力的支撑。

6.2　招聘中：慧眼识人选人才

在前面的章节中，我们学习到创业型人才素质模型 = 理念 × 意识 × 能力 × 知识 × 经验。在做好人才招聘的前期准备后，创始人就要开始具体的招聘工作。那么在招聘过程中，如何通过有效的甄别方法筛选出符合招聘需求的人才，是本节需要学习的内容。

6.2.1　理念和意识的甄选

 案例分析

《小米创业 8 年内部纪录片》（手机篇）中有一段小米内部会议素材，2015 年小米因为销量下滑受到外界的质疑，但雷军却因为面试者的一句话，拒绝了一位很有影响力的"销售天才"。

雷军说："两个星期前，面试了一个我们高管推荐的人，他觉得这个人非常厉害，我跟他说这个人不行，他说为什么？我说这个人跟我聊了一个小时，他的简历接近完美。在一家重要的供应商工作，他接手的时候是 900 万美金一年，然后 4 年干到了 2 亿美金。我说你是挺牛，他说我有能力把稻草卖成金条，这就是我的能力。"

"我跟他说，你跟我们的价值观不符，我们不需要骗用户的人。而且关键是你的用户就是我，我跟他用黄金价买稻草？我今天创办小米，我不想做一个坑人的人。"

"我也不喜欢把稻草卖成金条的人，我们不需要。"

课堂提问

1. 你是否认可雷军的判断？雷军在人才素质模型中的哪个层面否定了这个候选人？

2. 如果你是 CEO，你的团队在销售方面业绩下滑，遇到这样一位"销售天才"，你会做出怎样的选择？

案例启示

在案例中，雷军通过和对方面谈的形式，了解了这个人的理念，他是一个利益结果导向的人，而这和雷军的人才招聘理念是不符合的，所以会谈结果很快出炉了。深层次的理念也并不是深不可测、不可捉磨的。只要花一些时间和运用一些技巧，是可以看到"冰山下的部分"的。

知识探究

山姆·阿尔特曼在 YC 创业课里说过：Airbnb 的前 100 个员工都是创始人亲自面试过的。对于初创公司来说，创始人亲自面试员工至关重要。而很多创始人对招聘面试这些事并不是很擅长，必然会走不少弯路。无论是 HR 新人还是品牌创始人，招聘方法的学习和招聘面试中积累的初始经验，对于之后的工作发展都是至关重要的。

通常，人才甄选方法包括面试、测评等。依据冰山模型理论，冰山上的知识和能力部分是比较容易进行测评和考量的。但是冰山下的理念、意识，包括部分能力是很难通过短暂的 20 分钟交流测评出来的。这就需要 CEO 有足够的耐心和慧眼去识别对方的理念和意识。比较有效的甄别方法包括：深度交往、教练式谈话、测评。

深度交往。创始人在甄选核心团队成员的时候，不妨多花一些时间和候选人进行交流。交流地点尽量避免在办公室，而应该在一些非办公场合，在双方都比较放松的情况下进行多层面的交往，从而观察出这个人在创业理念和创业意识上是否与公司的发展理念相符合。从候选人对待家人、朋友、合作伙伴的态度，从其接人待物的想法，从其生活习惯中，都可以洞见到很多。这种深度交往的优势在于可以从多个维度深入了解这个人，缺点在于用时较长。这种方式更加适用于项目创始人在进行人才储备的时候，在日常工作与生活交往中保持觉察和关注。

教练式谈话。教练式谈话的核心在于不评判、不给意见，通过一个个问题的抛出，深层发掘候选人的理念和意识。在这个过程中，尊重候选人的选择和理念，只是呈现状态。只有当发问方能够保持一个中立的态度，才能了解到候选人的真实想法。一旦提问具有很明确的导向性，那么候选人就自然会"聪明"地回答出"标准答案"。教练式谈话的优势在于可以在较短时间内进行理念层面的考察，缺点在于这个谈话对引导者的要求较高，不能让问题具有明显的导向性。一些可参考的问题如下：

1）你为什么想要参与这个项目？

2）你希望在这里收获到什么？

3）在你过往人生中，你觉得什么时候是你的荣耀时刻？

4）你觉得自己的人生达到什么样的状态就算是成功了？

测评

目前市面上有很多的测评工具，可以作为参考，用以了解候选人的性格特质、兴趣点等，这些都可以从侧面反映出候选人是否适合这个岗位，如 MBTI 的性格测试，RTC 测评等。本书介绍了 RTC 人才素质测评工具。测评方式的优势在于用时短，还原真实度较高。测评重点在于意识层面的测评，如抗压能力、自信度等，对于理念层面是比较难检测到的。

综上所述，每个甄别方法都有自己的优势和劣势（见表 6 - 2），需要创始人根据人员招聘的紧迫程度和岗位需求特点等进行综合考量，选择适合的方式，选出最合适的伙伴。

表 6 - 2 理念和意识甄别方法比较

甄选方式	优势	劣势	适用场景
深度交往	可以多维度深入了解候选人，真实度高	用时较长	人才物色储备阶段，岗位需求紧迫性不强
教练式谈话	较深入地考察候选人的理念和意识	对考察人要求较高，发问不当易造成考察真实度降低	岗位需求紧迫性强，且岗位对理念和意识较高
测评	快速出结果，真实度较高	主要考察意识层面，理念层面较难考察	岗位需求紧迫性强，岗位对理念的要求没那么高

 讨论与思考

长谈——让我把话说完

在课堂上通过教练式谈话的方式，模拟人才甄别现场。

邀请两个小组上台进行演示，同学们在旁边观察，并在结束后进行反馈：

谈话是否真的达到了解对方理念和意识的目的？

谈话过程中候选人是否是真实表达？

你觉得面试官还可以做哪些改进？

 延伸阅读

几种关于创业公司的面试方法

1. 以业务需求为出发点

面试的目的不是为了凸显面试官的水平，而是应该以业务需求为出发点，帮助企业挖掘面试者的优点，以及与业务需求的匹配度，这样才是正确的面试方法。

2. 设计不同阶段的面试内容

有些企业会将面试分为几个阶段，初次面试、复试及最终的面试，每个阶段的面试内容最好是不同的，这样才能够从不同阶段来判断员工的能力匹配程度。

3. 历史工作经验分析法

对于面试官来说，一个人能否胜任现在的工作岗位，必然也和面试者的能力有关，而能力可以通过他们的历史经验来判断，这样才能够得出合理的人才匹配。

4. 岗位内容提问法

在面试某个岗位的人才时，可以通过提前设置一些专业问题，通过提问来了解面试者的能力及水平，以做出正确的判断。

5. 其他方法

- 海绵面试法（全方位考察候选人）。
- 挑刺面试法（找到候选人的短板）。
- 畅谈人生法。
- 个性测评法。
- 能力测评法。

6.2.2　知识和能力的甄选

案例分析

　　很多大型企业在人员招聘过程中会设置几轮筛选环节，包括笔试、面试等。近年来，有不少企业喜欢采用一种情景模拟的招聘方式，即在招聘人员有意控制之下，根据招聘职位的实际需求，模拟真实工作情境，考核和测试应聘人员处理事务与人际关系的能力并最终给予评价的招聘与选拔方法。主要形式有：

　　即席演讲：出其不意地安排给应聘者一个题目，让其稍作准备，即席演讲；

　　无领导小组讨论：通过讨论一个真实或带有争议性的管理问题和案例等，了解对象心理素质和潜在能力的测试方法；

　　角色扮演：要求应聘者扮演一个特定的管理角色，来处理日常工作和管理上的问题；

　　公文处理：应试者根据自己的经验、知识能力、性格、风格，对文件做出处理，如做出决定、要求合作、撰写回信和报告、制订计划、组织和安排工作等。

课堂提问

在这些方式中，你认为哪种最有效，可以迅速帮你筛选出符合岗位需求的人才？

案例启示

千里马常有，而伯乐不常有。真正的伯乐是能够独具慧眼，看到人才的成长性和发展性的。资深的企业 HR 在"阅人无数"后具备了这种能力。作为初创企业老板，也需要有掌握这种基于未来的，对人才的预判和甄别方法。

知识探究

在企业实际人才招聘工作中，有部分企业在人才甄选方面非常粗放，特别是对于知识和能力方面的甄选，以为是比较容易甄选的部分，就随便看看简历，问几个问题了事。其结果是，选拔的人才绩效水平达不到预期、员工流失率高。知识和能力是属于人才素质模型冰山上的部分，这部分可以通过面试、测评等方式组合进行甄别。甄选人才需要因人、因岗设置甄选方式，才能真正筛选出企业需要的人才。

由于人的高度复杂性，现实中最有效的单一测评工具，预测的效度只有 20% ～ 30%，所以很有必要运用组合工具方式，并采用多轮面试方式进行组合测评。从实践中来看，哪些工具简单、高效、易实操、成本低呢？

1）工作样本测试。样本测试对于候选人未来可能面临的实际工作场景、工作内容进行抽样和模拟，观察和评价候选人所表现出来的工作绩效。样本测试是最有效的单一测评工具，通常预测的有效性为 29%。例如，如果要招聘一名 Java 工程师，就让候选人写一段代码；如果要招聘一名营销策划人员，就布置一道主题活动作业；如果要招聘一名网页设计师，就让候选人以某活动为主题模拟设计详情页等。

2）认知能力测试。认知能力测试是衡量一个人学习及完成一项工作能力的测试，通常包括语言能力、逻辑计算能力、感知速度及推理能力，预测的有效性大概是 26%。这种测试尤其适合没有工作经验的候选人，由于学习力非常重要，认知能力是预测其未来表现和学习力的最有效指标，当把认知能力和其他评估方法相结合来进行检验时，以下三种组织方法对预测一个人未来表现的效度最高：认知能力和工作样本测试相结合；认知能力和诚信度测试相结合；认知能力和结构化面试相结合。

3）结构化行为事件面谈。这是结构化面试的方法之一，它通过一系列对真实事件而不是假象的询问，了解应聘者是否具备公司所要求的能力，通常预测效度是 26%，在准备面谈之前，面试官需要事先根据公司和岗位要求的关键能力准备相关问题，并通过导入性问题和探索性问题开展面谈。

导入性问题：用于导入你关心的一项能力，通常以"请举一个例子"开头。

探索性问题：需要运用 STAR 工具来还原过往工作场景，根据事先确定的岗位素质能力标准有针对性地收集候选人的行为事例，需要面试官敏锐地观察并进行细节追问，追问的目的在于获取行为事例或者对不完整事例进行补充。

S 指情景（Situation）：这件事情发生的时间、地点、人物等背景介绍。

T 指任务（Task）：这件事情发生在什么场景下？你要完成什么任务？面对什么抉择或者困难？

A 指行动（Action）：你扮演什么角色？做了哪些事情？

R 指结果（Result）：事情的结果如何？你收到了什么反馈？

STAR 工具的好处在于对整个行为事件进行追问回顾，从而判断候选人所说事件的真假，对于虚假的事例，应聘者很难详尽地说明事例的每一个细节，讲述虚假事件的应聘者往往很难以招架，如果应聘者对于所提问题回答得似是而非，基本上可以判断其亲自参与度不够，从而判断出其缺少相应的能力素质。

 |讨论与思考|

作为初创团队负责人，你可能之前并没有招聘人员的经验。针对本节课所学习的招聘技巧，你觉得最适用于你的是哪种方式？

任何招聘方式都有优势和不足，你会采用何种措施降低你所选择的招聘方式的劣势？

 |延伸阅读|

游戏化的招聘方式

游戏化（Gamification）是近年来在企业界甚为流行的一个新词汇，有些企业更是把游戏引入到了企业的人才招聘中，如万豪酒店（Marriott）、Upstream Systems、Uncle Grey、谷歌、雅虎、强生等，这些企业创造性地将玩味十足的游戏与严肃的人才招聘进行了"联姻"。这迅速引起了企业界与学术界的广泛关注与热捧。

全球酒店巨头万豪酒店在 2011 年推出了一款名为《我的万豪酒店》（My Marriott Hotel）的网页在线游戏，开始了使用游戏进行人才选拔的最初尝试。由于业务的快速发展，这家连锁酒店集团当时需要用约半年的时间填补 5 万个职位空缺，除了人数压力外，还有更棘手的问题：招聘岗位的工作地点大多不在美国，并且应聘者的年龄要求在18岁至27岁之间。因此，为了提高招聘的效率与质量，万豪酒店将希望寄托于"游戏化"的招聘上。他们专门开发了一个工作职位的粉丝页面和一个名为《我的万豪酒店》的应用程序。参与者需要模拟完成一些与酒店相关的工作，如管理一间餐厅厨房，包括购买原料、审查已制作完成的食品订单等。任务完成后，可获得积分进入更难的任务或酒店的其他地点。目前，这款游戏已经非常受万豪酒店HR部门的钟爱。

资料来源：《中国人力资源开发》作者杨振芳。

 |本节小结|

总结人才评估的方法，我们推荐从四个维度去考察：

第一，理念评估。企业文化、价值观的认可程度大小将直接影响到候选人留存率和绩效情况。这里需要注意的是文化价值观属于一票否决的要素；员工的技能可以培训，但很难塑造价值观。工具：深度交往、教练式谈话等。

第二，意识评估。动机匹配指个人需求与工作实际能提供的价值之间的符合程度，符合度越高，满意度越高，主要包括三点：抗挫折能力、抗压能力、自信度。工具：教练式谈话、测评等。

第三，评估专业知识/技能，即能力考察，看是否具备与岗位工作或行业相关的专业知识或技能。推荐工具：笔试、样本测试、面试访谈。

第四，匹配胜任能力素质，即知识与经验评估。搜集与岗位相关的行为事例，重点要关注候选人过去做了什么，了解过去经验的含金量，从而预测未来的潜力；深入了解过去所从事的工作或项目细节、难点、解决的思路、具体行动与结果。推荐工具：行为面试法。

6.3　招聘后：留人留心用人才

组建团队的创始人最应费力思考的就是两个问题：用什么去吸引你想要的人才？招聘到了合适的人才，如何让人才留人留心，在企业充分发挥自己的才能？这就是本节要一起学习和讨论的问题。

6.3.1   制订分享机制

在乔布斯的传奇人生中，有一个故事经常被人们津津乐道，那就是当时还是一个小公司的苹果公司是如何去百事可乐公司"挖"人才的。

当时，乔布斯正全心投入自己担任董事长的麦金塔计划中，同时他也认为，苹果要成为大企业的话，就必须聘请一位经验丰富的经营者。他锁定的是38岁就当上百事可乐的事业开发部长，打败可口可乐，将销售量推上全美第一的杰出经营者—约翰·斯卡力。

斯卡力被视为接任百事可乐董事长的最强有力候选人。因此，斯卡力一开始很犹豫，不知是否要舍弃在稳定大企业的地位，跳槽到当时还没有名气的苹果。但另一方面，他也很清楚计算机的未来发展。某天晚上，乔布斯这样问斯卡力：

"剩下的人生，你是要卖糖水，还是要改变全世界？"

此外，苹果提供了一百万美元的年薪、一百万美元的跳槽奖金，以及最高一百万美元认股权的优渥条件。最终，斯卡力选择了挑战。

课堂提问

在这场招聘人才的经典案例中，乔布斯通过哪些方法最终打动了斯卡力，让他能够加盟苹果？

案例启示

乔布斯是非常擅于鼓动人心的人，显然那个"改变世界"的愿景深深打动了斯卡力。同时乔布斯也不忘给予他一些优渥的物质条件，物质和精神双管齐下，终于请动了这位高人。

 知识探究

纵观古今中外，所有的成功人士都离不开优秀的团队成员，而他们为了吸引优秀人才，也是各出奇招。刘备三顾茅庐，在雪地里挨饿受冻才请得诸葛亮出山。雷军招聘小米手机硬件结构工程负责人，第一次面试是在办公室，从中午1点开始，聊了4个小时后，负责人憋不住出来上了个洗手间，回来后雷军说我把饭定好了，咱们继续聊聊。后来聊到晚上11点多，他终于答应加盟小米。过后他自己半开玩笑说："赶紧答应下来，不是那时多激动，而是体力不支了。"

作为小米这样的优质大企业，招聘和吸引人才都要如此煞费苦心，付出宝贵的时间、精力、诚意。而作为初创企业，没有优厚的条件，开不出很高的薪酬，在这种情形下，用什么吸引人才？在刚才乔布斯的案例中，我们看到他用了几个元素来感召斯卡力，包括公司愿景、个人价值的实现和经济利益，这三驾马车终于驱动这位优秀人才加盟了苹果。而刘备是用桃园三结义的兄弟情谊，让张飞和关羽成为可以和他出生入死的得力干将，信任、关爱成就了这段佳话。总结这些案例中的关键因素，我们对初创企业创始人给出了招聘人才的妙招，即 4S 吸引法则。"S"是英文单词分享（Share）的缩写，"4S"就是指 4 个分享：分享愿景、分享公司、分享价值和分享爱（见图 6-2）。

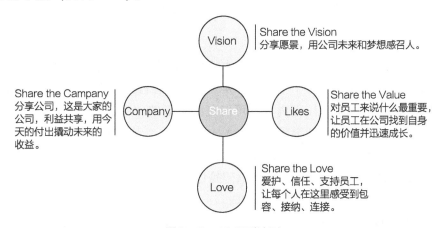

图6-2 4S 吸引法则

1. 分享愿景

Vision 是一个公司的愿景和目标，是这个团队希望实现的方向。一个伟大的公司都有一个宏大的愿景，让所有人明晰努力的方向。例如，阿里的愿景是让天下没有难做的生意；Facebook 的愿景是连接全世界。

分享公司的愿景，是指管理者和创始人把这个团队和公司关于未来的宏大理想传达给希望吸引的人才。很多时候，优秀的人之所以愿意加入团队，其实是因为团队的愿景和自己的梦想同频共振。一个好的管理者，必定也是一个优秀的布道者，即能够将脑海中规划的愿景目标、宏伟梦想不断地传递给身边的人，让他们对梦想有憧憬，充满希望，并且深信可以通过所在团队的努力去实现。

这是模型的第一个关键"S"。无论公司规模多小，员工多少，每个公司都应该有一个远大的、宏伟的愿景凝聚人心即使是刚起步的公司。缺乏愿景的公司会产生一系列问题，例如，团队成员辛苦工作，但并不知道需要达成的目标是什么。这样的状态持续一段时间后，成员会陷入疲惫和迷茫，这对于优秀人才的挽留是极其不利的。越是优秀的人才，越在乎未来。

2. 分享公司

"分享公司"的核心概念是从利益的角度出发，向每一位新加入的成员传达："我们很在乎你的加入，我们希望你成为这个公司的一部分，这个公司也有你的一份，公司未来的成长所获得的收益，你是有份的。"

任何人的职业付出，都会考虑经济利益。"分享公司"旨在激发人才加入公司和团队的动力，并使其不遗余力地发挥才能，让员工意识到随着团队成长和公司增值，自己也能从中获益，今天的付出，能够获得未来财富的成倍增长。

"分享公司"的形式往往是股权、期权等，这样做的另一个好处是，将公司或者团队的短期人力成本分摊到相对长的时间周期里，这对于初创企业来说是非常有利的。

3. 分享价值

价值（Value）指我们想要吸引的人才所在乎的东西，也就是人才希望从团队中得到的东西。每个人在选择一个工作的时候，一定都有自己的个性诉求，在乎的可能是工作环境和氛围，可能是工作内容，可能是公司里的"牛人"，也可能是领导能够给予自己帮助。一个管理者想要吸纳一个人才的时候，一定要清楚他最在乎的是什么。若能够清晰地知道他的需求，这将对于团队收获人才大有裨益。如果我们能够准确把握优秀人才的需求，也就是人才的劳动欲望是什么，并且着重满足他这个需求的时候，那么我们在谈判的过程中就可以占得先机。

同样，对于优秀人才的获取，管理者可能要采取"盯人"战术，不断反复地沟通，三顾茅庐才能达到目的。优秀人才的加盟，有时候可以开辟一个新的战场，带来持续的胜利。所以管理者前期为招聘人才所付出的艰辛是值得的。

4. 分享爱

人具有很强的社会属性，每个人都渴望得到他人的爱、信任和支持。在一个充满关爱的团队中，在放松的氛围里，每个人都会更具创造力和活力，更有利于团队的发展和精进。一个 CEO 不能只关注核心员工是否完成了 KPI 指标，还要关注他与这个团队的融入，留意他的情绪的变化。当领导者能够真正发自内心地去关心、支持、信任自己的团队成员时，团队成员便更愿意长久地留下来。

特别是面对 90 后员工时，他们更愿意为了梦想，为了"Feel"去工作，"感觉对了"非常重要。一个 70 后的老板很难理解 90 后员工的辞职理由是"不开心"。当越来越多的 90 后，甚至 00 后步入职场，管理者除了分享利益，分享爱也非常重要。

初创企业往往规模比较小，层级简单，容易形成一种"家"的氛围。当这种和睦的团队氛围形成之后，会让公司的整体运转更加高效和顺畅。但值得注意的是，分享爱是给予员工支持和关心，帮助他们成长，为他们搭建平台。创始人不能将所有的事情大包大揽做完，更不能因为感情而没有了规矩和底线。

┃课堂活动┃

　　情景模拟：假如公司需要招聘一个研发总监，目前已经有了合适人选，是一个有几年大企业工作经验的研发人员。请根据4S原则，设计一个约谈方案，来将这员大将招至麾下。

 ┃延伸阅读┃

稻盛和夫的阿米巴经营模式

　　阿米巴经营模式是日本经营之圣稻盛和夫独创的经营模式，稻盛和夫创建了两家世界500强企业——京瓷和第二电信（KDDI），正是阿米巴经营模式让这两家企业苗壮成长，长盛不衰，京瓷更是创造了神话一般的业绩——50余年从不亏损，越是经济危机越是大发展。

　　阿米巴经营模式就是将整个公司分割成许多个被称为阿米巴的小型组织，每个小型组织都作为一个独立的利润中心，按照小企业、小商店的方式进行独立经营。例如，制造部门的每道工序都可以成为一个阿米巴，销售部门也可以按照地区或者产品分割成若干个阿米巴。

　　阿米巴经营模式成功的关键在于通过这种经营模式明确企业发展方向，并把它传递给每位员工。因此，必须让每位员工深刻理解阿米巴经营的具体模式，包括组织构造、运行方式及其背后的思维方式。如果员工对于阿米巴经营没有一个正确的理解，其结果，出现以自我为中心，为了自己阿米巴的利益而损害其他部门利益的情况，也有可能会因为达成目标的压力过大，而导致员工心理疲劳。

　　　　　　　　　　　　　　　资料来源：《创造高收益的阿米巴模式》，作者三矢裕等。

6.3.2　用好期权留英才

 ┃案例分析┃

徐小平：绝对的独裁是大部分失败企业的共同点

　　真格基金投的项目非常多，我们回头来看失败的企业，或者是做得非常艰难的企业，绝大部分都有共同的特点，就是他们的创始人里只有一个老大，没有老二、老三，没有占两位数的合伙人。这是非常惨痛的教训。几乎不用论证。有一次来了一位女士，我对这个产品非常喜欢，这个方向也很好。但是，她是百分之百的股东。我说你为什么没有一个合伙人？她说不需要，我有重要的员工。我就我说绝不会投你，原因是什么呢？当时她不明白这一点。我认为她一定成功不了。这是已经被多次反复证明了的东西。

尽管这样，我们也经常遇到许多创始人来到这里，经过了极长时间的思考，就他一个人，或者两三个人，说"我答应了期权，未来四年给他一个点，一年0.25"，这种不是合伙人，这种只是打工的。我们投一个项目，非常棒，我们投了，挣扎了三年，非常困难，为什么？最后发现他就是没有合伙人。他说"我准备给我的员工期权了。"但他从出发的那一天起就没有同盟军，就没有伙伴，就没有同生共死的，一起爬雪山、过草地的伙伴。

资料来源：https：//www.jianshu.com/p/159e93aad078。

课堂提问

为什么设置期权对一个项目的成功这么重要？

案例启示

对于一个初创团队而言，人是最宝贵的资源，而对于你想要长期合作、荣辱与共的伙伴来说，分享股权、期权是能够留住人才的重要方式。而这种激励措施，也能够激发合伙人最大的潜能，拥有创业者心态。否则，一个"打工者"心态的人，是没有办法从事创业活动的。

知识探究

对于一些优秀的核心员工，或者说是合伙人，需要采取一些长效的激励机制。长期激励的主要方式包括公司愿景、限制性股权和期权激励。

公司愿景。愿景的重要性体现在让集体有方向、让个体不掉队和做出正确的选择。明确的愿景可以让每个人都知道，当面临选择的时候，自己应该如何做决策，不偏离企业发展的大方向。

在确定愿景的时候，为避免上述第二种情境出现，需要将愿景和核心价值观、目的、任务、战略、目标结合起来，将大的愿景分解到目前我们在做的工作中，才能明确团队努力实现的短期、长期目标和实现路径。

愿景的确立并不是靠创始人拍脑袋定出来的，需要召集核心成员共同商议，在讨论的过程中达成共识。在这个过程中要学会倾听和反思成员的意见，也向团队成员反馈自己的意见，实现信息的有效沟通。

公司愿景对于本身成就动机很强的员工来讲，是非常有吸引力的，再结合经济利益，能达到更好的激励效果。

限制性股权。即股权不会立刻分配给员工，只有员工实现一定的目标，例如，在公司就职一定的年限或业绩达到一定程度后，才会分配给员工。

期权激励。国内外大多数公司采用的激励方式是期权。期权即未来的权力。这个权力是允许员工在未来某一个时间点，以一定的价格买入公司一定数量的股份。

例如，一个期权允许员工以 1 元钱的价格购买公司的股票。如果员工执行这个权力并购买 1 万股股票，那每股的价格就是 1 元，1 万股的成本就是 1 万元。按照期权规定购买股票的行为就叫作行权。行权的要求是，期权必须是成熟的，持有人才可以行权。期权有一个成熟期，持有人必须等期权成熟了，才可以行权。例如，期权允许员工 3 年之后以 1 元价格购买 1 股股票，3 年后员工行权以 1 万元购买了 1 万股，而这时候股票的市场价为 5 元 1 股，市场价和行权价格之间的价格差，就是员工的收益。期权示意图如图 6-3 所示。

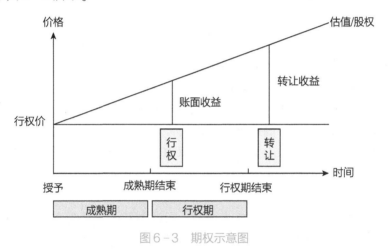

图 6-3 期权示意图

当公司开始引入风险投资，或者公司的员工数达到了 20 人甚至 20 人以上时，就可以开始做期权计划了。不单单是激励已有员工，还为了激励未来员工。提前预留期权，是为了吸引未来人才，为了公司更长远的发展。一般来说，如果公司未来想要吸引更多的人才，期权池要留出 15% 到 20% 的空间。如果公司人员基本上到位，发展也比较传统，可以留下 10% 到 15%。通常取一个折中数，以 15% 的比例设置期权池。

讨论与思考

小组讨论：三种长期激励方式哪种更适合初创团队？理由是什么？请写下自己的答案，并和小组讨论。

延伸阅读

华为的可持续发展报告

华为是谁？

华为创立于 1987 年，是全球领先的 ICT（信息与通信）基础设施和智能终端提供商，致力于把数字世界带入每个人、每个家庭、每个组织，构建万物互联的智能世界。2018 年，华为有 18.8 万名员工，业务遍及 170 多个国家和地区，服务 30 多亿人口。

谁拥有华为？

华为是一家 100% 由员工持有的民营企业。华为通过工会实行员工持股计划，参与人数为 96768 人，参与人仅为公司员工，没有任何政府部门、机构持有华为股权。

谁控制华为？

华为拥有完善的内部治理架构。持股员工选举产生 115 名持股员工代表，持股员工代表会选举产生董事长和其他 16 名董事，董事会选举产生 4 名副董事长和 3 名常务董事，轮值董事长由 3 名副董事长担任。

轮值董事长以轮值方式主持公司董事会和常务董事会。董事会行使公司战略与经营管理决策权，是公司战略、经营管理和客户满意度的最高责任机构。董事长主持持股员工代表会。持股员工代表会是公司最高权力机构，对利润分配、增资和董事、监事选举等重大事项进行决策。

谁影响华为？

华为对外依靠客户，坚持以客户为中心，通过创新的产品为客户创造价值；对内依靠努力奋斗的员工，以奋斗者为本，让有贡献者得到合理回报；与供应商、合作伙伴、产业组织、开源社区、标准组织、大学、研究机构等构建共赢的生态圈，推动技术进步和产业发展；遵从业务所在国适用的法律法规，为当地社会创造就业、带来税收贡献、使能数字化，并与政府、媒体等保持开放沟通。

资料来源：华为公司《2018 年可持续发展报告》。

6.3.3　绩效激励促成长

案例分析

小王是一个刚毕业的大学生，进入一家医院的财务科工作。小王充满了年轻人的干劲儿，想要在工作当中好好表现，因此对领导交办的事情总是保质保量地完成，领导也对小王称赞有加。时间一长，小王慢慢觉得有些不对劲。一些半天可以完成的事务性工作，有些同事磨磨蹭蹭，要两天才可以完成。每次领导过问，同事总回答很忙。于是经常也有一些非小王工作范围的任务下达给他，因为他看起来"闲"。小王觉得很郁闷，他慢慢也产生了"磨洋工"的想法，甚至开始考虑离开这个工作单位。

课堂提问

如果你是小王的领导，你如何能够留住小王这样的人才？

案例启示

在小王的团队当中，那些老员工并没有很高的劳动欲望，所以才会和管理者玩"磨洋工"的游戏。要改善这个局面，一方面是需要管理者付出极大的心力去培养和提升员工的劳动欲望水准，激发他们的热情和积极性。另一方面，也要采取一些必要的管理措施和短期的激励手段，来管理好这个团队，否则就会产生劣币驱逐良币的结果。

知识探究

企业人员的迅速扩张很容易给管理带来挑战。对于早期的核心员工，创始人可能会花很多时间去精心地甄别和挑选，当企业进入发展的快车道时，很多创始人就没有那么多的精力去进行甄别，这个时候就容易出现案例中的情况。人员的知识和业务能力符合岗位需求，但是理念和意识不到位，没有办法和公司的愿景同频。也有很多的员工是属于任务型员工，这类员工主要关注的就是短期利益的获得，自身缺乏很强的成就动机，劳动欲望水准较低。这类人群的激励点来自完成既定任务后可以获得的利益，这些利益包括奖励、奖金或者晋升机会。因此，对于这类人群，我们需要的激励方案就是设定既定目标，并激发他们去完成，完成后给予奖励。目标和绩效管理工具，就是这时候需要用到的。

著名的管理大师彼得·德鲁克，在 1954 年提出 MBO 目标管理，这个方法将每个人的目标和公司的目标协同起来，使得每个团队成员的目标得以实现，最终达成整个团队的目标。

1995 年，出现了很多企业沿用至今的目标和绩效管理工具——KPI。KPI 强调在指标遴选过程中得出一些核心指标，只要掌握了员工绩效的一些最重要的目标，就可以有效指导他们的工作和实现目标达成。近几年新的目标管理方式——OKR 走入了大家的视野。这个管理方式最早在谷歌大放异彩，后来被很多人效仿和学习。

OKR 即 Obiective Key Results，"O"代表团队的目标，"KR"代表关键任务的结果。OKR 的优势在于，它可以让团队的目标更加聚焦，在聚焦的同时还可以保持目标的主次分明，层次有致。另外，它可以让整个团队的工作更加协调，保持方向和行动的一致性。

在具体操作过程中，首先"O"来自公司整体的目标，经过层层分解，从上至下按照部门和职级的纵向分解，形成部门目标，最终到每个成员目标，如年度、季度或者月度目标。"KR"代表我们要实现这个目标具体需要做的事情。例如，人力资源部门下个季度要争取招聘 5 ~ 8 名工程师，这是"O"，为实现这个目标设定了以下具体关键任务：

- 在 5 所大学进行职业宣讲。
- 在领英上挖掘 250 位潜在的候选人，并与他们进行联系。
- 在公司举行一个职业开放日，并确保 50 位成员参加。
- 重新设计发布招募信息的网站，并重新规划这个网站。

OKR 的目标设定过程中，有一些基本原则：

1）目标的设定要有一定的野心。如果这个目标轻松被完成了，其实代表这个目标并没有什么挑战性，也就没有什么意义了。最简单的原则就是：跳一跳，够得着。

2）目标可执行。如果这个目标遥不可及，或者根本不在团队的可控范围内，那这个目标的设定也是没有意义的。

3）目标需要有一个达成的时间限制。这个时段可以是未来的一个季度、半年或者一年。

4）一个时间周期内的一个员工目标个数不宜多。目标最好控制在 3 ~ 4 个，如果超过 5 个，就会导致员工模糊工作焦点。

5）每个关键任务要是可量化的。量化可以有绝对量化和相对量化。绝对量化如销售额。相对量化就是在团队成员之间进行比较。例如，在阿里有"客户至上"的原则，那如何去考评一个员工是否做到了"客户至上"呢？见表 6 - 3。

表 6 - 3   阿里价值观考核

用户至上考核量化标准	
分数	考核点
1 分	尊重他人，随时随地维护阿里的形象
2 分	微笑面对投诉和受到的委屈，积极主动地在工作中为客户解决问题
3 分	与客户交流过程中，即使不是自己的责任，也不推诿
4 分	站在客户的立场思考问题，最终达到客户满意
5 分	具有超前服务意识，防患于未然

 ｜课堂活动｜

为你自己本学年的学习设定一个 OKR，并设定好学习目标，再制订关键任务。完成之后班级同学互相交流。

延伸阅读

KPI 绩效考核操作流程

确立关键绩效指标（KPI）的要点在于流程性、计划性和系统性，其具体的操作流程如下：

1）确定业务重点。 明确企业的战略目标，在企业会议上利用头脑风暴法和鱼骨分析法找出企业的业务重点，也就是企业价值评估重点。然后，再用头脑风暴法找出这些关键业务领域的 KPI，即企业级 KPI。

2）分解出部门级 KPI。 各部门的主管需要依据企业级 KPI 建立部门 KPI，并对相应部门的 KPI 进行分解，确定相关的要素目标，分析绩效驱动因素（技术、组织、人），评价指标体系。

3）分解出个人的 KPI。 各部门 KPI 人员一起再将 KPI 进一步细分，分解为更细的 KPI 及各职位的业绩衡量指标。这些业绩衡量指标就是员工考核的要素和依据。这种对 KPI 体系的建立和测评过程本身，就是统一全体员工朝着企业战略目标努力的过程，也必将对各部门治理者的绩效治理工作起到很大的促进作用。

4）设定评价标准。 指的是从哪些方面衡量或评价工作，解决"评价什么"的问题；而标准指的是在各个指标上分别应该达到什么样的水平，解决"被评价者怎样做、做多少"的问题。

5）审核关键绩效指标。 跟踪和监控这些关键绩效指标是否可以操作等。审核主要是为了确保这些关键绩效指标能够全面、客观地反映被评价对象的绩效，而且易于操作。

资料来源：百度百科。

本节小结

人才是企业发展的根基，所有的商业行为的实施最终要通过人来完成。通过 4S 法则来吸引人才，通过期权等手段来对员工进行长期激励，通过目标绩效管理手段来对员工进行短期的激励，最终目的都是能够让员工在企业里感受到自身价值得到了肯定与发挥，得到了自我实现。特别强调的是，初创企业规模较小，相对大企业，更容易产生归属感，这是需要创始人用心营造的。

【团队组建与管理计划书】

请完成附录 B：《团队组建与管理计划书》中的第三部分——我的团队招聘方案。

第7章 构建初创企业法律风险防护网

案例分析 | 知识探究 | 讨论与思考 | 延伸阅读

> 经营中的98%有关人性，只要换位思考，将对方关心的利益想清楚了，凡事就迎刃而解。
>
> ——牛根生

 本章导读

在经营中，利益纠纷不可避免，道德是准绳，法律是底线。初创企业需要了解常见的法律风险，让企业避免走弯路、走错路。初创团队股权架构设计对于企业的未来发展至关重要，设计不好就埋下祸根，甚至导致企业经营失败。本章我们将共同学习这两部分重要的知识，给企业建立安全的"防火墙"。

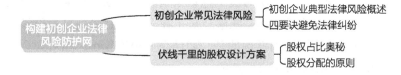

构建初创企业法律风险防护网
- 初创企业常见法律风险
  - 初创企业典型法律风险概述
  - 四要诀避免法律纠纷
- 伏线千里的股权设计方案
  - 股权占比奥秘
  - 股权分配的原则

 能力目标

- 能掌握基本的法律概念，提升法律风险意识。
- 能掌握股权设计的基本原则，最大限度发挥股权的激励功能和管理功能。

7.1　初创企业常见法律风险

　　如果把创业比作一场游戏，国家相关法律无疑就是最基本的游戏规则。创业者如果能够在企业初创时就对相关规则加以了解，势必会给创业带来很多便利。

　　在创建期，初创企业必须应对一些重要的法律和伦理问题，早期的法律失误可能给新企业带来沉重的代价，甚至使其夭折。现在大多数初创企业对法律服务的需求流于"召见式"，所以接受服务的时候经常是临时抱佛脚，狼狈不堪。真正的企业家应从长远来看待企业的法律问题，应该在法律问题的防范和解决上提高主动性。有条件的应该从企业建立之初就开始发现问题、解决问题，争取防患于未然，让专业的律师针对企业现状出具法律风险评估报告，给企业一个全面把握法律风险的机会，但是，这在现在大多数企业中是做不到的。

　　市场经济是法治经济，市场经济离不开法律制度的调整。企业从设立到运行、从决策到管理，方方面面都是在法律的框架下进行的。如果企业对于法律风险估计不足或处理不当，不仅会给企业带来经济上的损失，甚至会造成严重的法律后果。因此，建立健全企业法律风险防范体系是企业参与市场竞争、实现企业经营目标的最基本要求，也是企业发展壮大、可持续发展的重要保障，对推动企业依法决策、依法经营和依法维护自身合法权益，构建和谐社会将起到积极的促进作用。因此，本节列出初创企业可能会面临的几大法律风险，让创业者能在一开始保持警醒，防患于未然，如图 7-1 所示。

图 7-1　初创企业面临的法律风险

7.1.1　初创企业典型法律风险概述

 案例分析

当当之争何时能了？

　　2020 年 4 月 26 日，当当创始人李国庆带人首次闯入当当办公区，抢走十几枚公章、财务章。7 月 7 日凌晨 6 点多，李国庆又带 20 多人闯入当当办公区，抢走了公章、U 盾等资料，对此，李国庆依然称是

"依法接管当当"。

7月8日，朝阳警方通报称，2020年7月7日7时许，违法行为人李某庆（男，55岁）纠集他人，在朝阳区静安中心某公司办公场所内，采取强力开锁、限制他人人身自由等方式扰乱了该公司正常的工作秩序。目前，朝阳公安分局已将李某庆等4名违法行为人依法行政拘留。

在李国庆被行拘的日子里，当当法务部于7月16日连发两条微博长文，分别介绍了当当的股权变革和李国庆俞渝的离婚案进展。当当法务部称，称召开了"股东会""董事会"，大股东俞渝没有接到过会议通知，根据当当网在工商登记的章程，当当网不设立董事会，因此这2个会议没开过。

实际上，根据李国庆此前给出的理由，其认为他和俞渝尚未离婚，当当股权应该作为夫妻共同财产一人一半，所以他实际应持有的股权比例是45.85%，然后再联合其他股东，持股比例过半，就可以做出成立董事会的决议。

对此，当当法务部称，在当当网2016年9月退市时，俞渝、李国庆、他们的孩子和管理层，约定了他们在控股公司的股权比例，即俞渝52.23%、李国庆22.38%、孩子18.65%、管理层6.74%。

但目前，当当网的运营主体——北京当当科文的股权架构中，俞渝、李国庆和管理层分别持股64.2%、27.51%和8.29%，这是因为李国庆和俞渝的孩子是外籍，其18.65%的股权被俞渝、李国庆和管理层按比例代持。

当当法务部称，目前北京当当科文登记的股权比例，真实反映了俞渝、李国庆和他们的孩子在2016年的约定，符合当当的历史。而且李国庆离开当当网管理层多年，李国庆发布过离开当当网的公告，当当网保存了停止为他支付工资、缴纳社保的记录，李国庆目前在当当网的身份只有小股东。

而现在之所以会存在"夺权"的问题，当当法务部认为是李国庆企图用离婚诉讼，修改其家庭财产的书面安排，在离婚诉讼中受阻，又企图将婚姻法带入公司法，制作法律上不成立的股东会决议、董事会决议。

所以目前来看，李国庆最终能在当当拥有多少股权，要取决于离婚诉讼的结果。对此，当当法务部认为，俞渝、李国庆和他们的孩子存在家庭财产分割的书面协议。根据《中华人民共和国婚姻法》的规定，夫妻可以通过书面方式约定共同财产的归属。有约定的，从约定；无约定时才平分。而自2016年俞渝、李国庆达成家庭财产分割的书面协议后，家庭间的股权分割比例一直严格按照该约定履行。

　　当当法务部还援引法学专业人士的观点称，根据《中华人民共和国婚姻法》及《北京市高级人民法院民一庭关于审理婚姻纠纷案件若干疑难问题的参考意见》，俞渝、李国庆达成的家庭财产分割协议合法有效，在离婚时应当得到支持。

资料来源：http：//money.163.com/20/0720/11/FHVO6I85002580S6.html

课堂提问

当当网创始人夫妻反目的结果让人唏嘘，请你为当当网"开个药方"，如何避免这样的情况发生？

案例启示

很多民营企业创业初期的合伙人就是夫妻，所谓"夫妻同心，其利断金。"

可现实中，不乏各种因夫妻矛盾导致公司分崩离析的案例，从同心协力、同甘共苦到同床异梦，最终走向同归于尽！如土豆网，因夫妻闹离婚上市失败、被优酷收购；当当网两夫妻的矛盾也闹得沸沸扬扬。夫妻也好、兄弟也罢，学会股权布局，才能规避不必要的"拆伙"风险。

知识探究

　　面对无处不在、无时不在的企业经营法律风险，如何才能更好地预防和控制法律风险？企业对专业法律服务的需求是客观存在的，企业存在哪些风险？只有当我们认识了风险的存在形式，才可能加以预防与控制。从系统的角度，企业风险可以分为：

　　企业管理风险，指企业管理层在经营管理时可能产生的风险，包括但不限于管理队伍与管理体系的建设风险、营销与市场开发的拓展风险、产品与技术研发的实施风险。

　　非经营性风险，指由于客观环境的变化而给企业带来的难以抗拒的风险，包括但不限于立法调整导致的法律风险，国内经济环境恶化导致的经营风险，国际经济环境恶化导致的经营风险，战争、自然灾害等不可抗力导致的经营风险等。

　　根据引发法律风险的因素来源，可以分为外部环境法律风险和企业内部法律风险。所谓"外部环境法律风险"，是指由于企业以外的社会环境、法律环境、政策环境等因素引发的法律风险。由于引发因素不是企业所能够控制的，因而不能从根本上杜绝外部环境法律风险的发生。所谓"企业内部法律风险"，是指企业内部管理、经营行为、经营决策等因素引发的法律风险。由于引发因素是企业自身能够掌控的，所以企业内部法律风险是防范的重点。

　　可见，法律风险的组成很复杂，预防与控制也就因事而异。直接的法律风险，往往可以通过增强法律意识与企业法务管理力度而得以加强预防；间接的法律风险，则必须通过各责任部门、各专业人士的预防而减少损失。

讨论公司治理这个话题，我们万不可忘记这个论题一个最大的外部变量就是企业身处的国家环境，包括法律环境、政治环境和文化环境等。国外的例子可以借鉴，但不能完全照搬。我们试着在美国找出类似当当的例子，结果是几乎没有。其中一个重要的原因是中美法律的不同，因此，同样的事如果发生在美国，情况会大不一样，投资者哪怕仅有3%的股权，也有足够的权利把两个创始人都"请出去"，断不会容忍二者对峙到如此激烈的程度。

典型的内部法律风险则有以下几点：

1. 不知道自己公司的性质与自己的个人财产有什么关系

实际上是合伙企业，投资人却误以为设立和经营的是有限责任公司，导致合伙人之间对权利认知错位，合伙人不知道自己要对企业对外承担无限责任，也就是会追索到自己的个人财产。

自以为设立和经营的是有限公司，实际上是个人独资企业。"夫妻公司""父子公司"以及新公司法实施后的"一人公司"是实践中常见的中小企业组织形式。投资人误以为"公司是我的，公司的财产也就是我的"，在经营中将公司财产与家庭或个人财产混为一体，结果对外发生纠纷的时候可能招致公司人格的丧失，失去"有限责任"的保护，例如，一人有限责任公司的股东如果不能证明公司财产是独立于股东自己财产的，应当对公司债务承担连带责任，仍旧会追索到股东的个人财产。

2. 对外融资中陷阱颇多

资金不足是多数企业在经营中遇到的情形，常见的融资方式有银行借贷、民间借贷、股东追加投资、吸收新股东增资扩股、引进战略投资者、发行公司债券、上市融资（IPO或增发股票）等。

不同的融资方式还存在不同的法律风险，一次融资在不同环节有不同法律风险。例如，银行借贷可能陷入"高利转贷""违法发放贷款""贷款诈骗"及其他金融诈骗的法律风险黑洞；民间借贷可能遭遇"非法吸收公众存款""集资诈骗""票据诈骗"或其他金融凭证诈骗等法律风险。企业要做大做强，免不了各种形式的融资或资本运作，在融资项目管理中注入法律风险管理的理念，对于法律风险的防范起着至关重要的作用。

3. 忽略市场交易中的法律风险

企业的发展靠的是不断发生的市场交易行为。不同的市场交易行为需要确立不同的合同关系，不同的合同关系可能遭遇不同的法律陷阱。事实上，企业最常遇到的法律纠纷就是合同纠纷。中小企业对于合同风险的意识相对来说还是较强的。但企业交易行为管理绝不仅限于合同书本身的管理，一个合同关系既包含了作为主要权利义务界定标准的合同书，还包含着从订约谈判开始，直到合约履行完毕，乃至善后的持续过程。因此，交易行为的法律管理，实际上是一种过程管理。

4. 产权不明晰引发的法律风险

很多中小企业的企业家和他的家族都有这样的观念：企业是我的，所以企业的资产就是我的资产，我的资产也随时可以作为企业的资产。这种观念是十分错误的。公司是具有法人人格的，是独立的法律主体，拥有独立的财产权，公司有限责任正是基于这样的前提。投资人乃至其家族的财产与公司的财产一旦混同，公司的独立法人人格就难以获得法律认可，公司就不再受有限责任保护，公司的风险就会蔓延到投资人乃至其家族，成为家族的风险。

 讨论与思考

1. 案例：2019 年 1 月，大卫旅游公司和安迪汽车运输公司签订《包租车合同》。合同签订后，旅游公司按合同上写的"预付订金 3 万元"付了"订金"。结果，汽车运输公司未履行合同，旅游公司在 2019 年 8 月向法院起诉，要求汽车运输公司双倍返回"订金"，合计 6 万元。由于合同上写的是"订金"而不是"定金"，所以，法院判定汽车运输公司退回"订金"3 万元。请思考：

定金和订金有什么区别？

2. 案例：甲汽车销售公司与乙汽车制造公司签订了一份轿车买卖合同。由于甲公司的业务员丙对汽车型号不太熟悉，在签订合同时，将甲公司原先想买的 b 型号轿车写成了 a 型号轿车。虽然乙公司提供的型号不是甲公司原想购买的 b 型号轿车，但 a 型号轿车销量也不错。甲公司按照合同约定提货并支付了货款。请思考：

如何认定此次买卖行为？

如果甲又反悔，可以退回车子、要回货款吗？

 延伸阅读

中国式家族企业充满矛盾的传承难题

多数家族企业，从被创办的第一天起就带有强烈的个人主义色彩，创始人的价值观更是深植于企业文化当中。

由于受制于根深蒂固的中华传统思维,我国部分家族企业存在"传子不传贤""传男不传女"的守旧思维,但我国的独生子女政策让坚持血脉相传的企业家丝毫没有选择的余地,同时人力资本的缺乏也成为企业家面对传承问题时心里的痛。当然这当中也有少数独生女掌门人,如娃哈哈集团宗馥莉及新希望集团刘畅在接班过程中展现了优异的能力。这些家族企业在选择继承人时,首要考虑的是血缘关系和家族利益,而非从企业发展和商业角度来做决定。调查显示,即使在家族第二代明显不具备掌管企业能力或不具接班意愿的情况下,也只有30%的家族企业会选择聘用职业经理人。

相对于部分亚洲家族,一些欧美家族企业并不认为自己是企业绝对唯一的"主人",而是强调对企业的日常管理权。如果原定接班人并不适合接管企业,他们宁可选择职业经理人来进行企业管理,或者采取专业委任的方法,建立一个由律师、银行家及职业经理人组成的专业管理团队来协助继承人接掌企业。

然而在亚洲家族中,普遍更注重血缘和亲缘的联系,通常董事会的主要席位都被家族内部的成员占据,而企业盈利也常被用来设立各个不同业务板块的子公司,由家族兄弟姊妹所控制并传承给他们的子女,而不是分配给股东们。

我国内地的家族企业贡献了一年GDP的六成,雇用着全国75%的劳动力,家族企业传承的课题已经迫在眉睫。因此现阶段最大的困难便在于如何协助家族企业跳出过于强调血亲关系和家庭本位旧思维的窠臼。

何时交棒?如何交棒?我国家族企业掌门人从知天命之年开始执行交接的各种事宜,往往需要数年时间下一代才能真正登场,如图7-2所示。

图7-2 家族企业管理

对家族企业传承的接力赛而言,问题有时不在于他们是否具备管理公司的能力,而是对许多企业家尤其是创始人来说,企业就像是他们的一件私人财产,具有浓厚情感,有时甚至比自己的配偶孩子更为重要,要让他们放手或分割并不是一件容易的事,因此许多家族企业的掌门人在迈入晚年时仍未制订任何退休或传承计划,且迟迟不愿意退位,这造就了传承上相当巨大的风险。

资料来源:第一财经日报《中国式家族企业充满矛盾的传承难题》。

7.1.2　四要诀避免法律纠纷

案例分析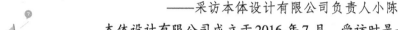

学会用法律来保护自己
——采访本体设计有限公司负责人小陈

本体设计有限公司成立于 2016 年 7 月，受访时是一个成立了三年的公司。公司成立初期的主营业务是做个性化定制鼠标，后来转移到生产游戏手柄，并孵化出品牌"满配"。公司目前有 4 个人，现金流吃紧，处在转型阶段。

公司成立时主要做 3D 打印技术的研发，如针对长时间使用鼠标的群体做个性化鼠标定制。出于对游戏的热爱，小陈和他的小伙伴拓展出生产手机游戏配件的业务，即游戏手柄，并将其注册商标为"满配"。此项目获得了德国红点设计奖等多个奖项，也申请了多项专利，曾在深圳华强北卖出一天 8000 套的销量。

然而，小陈也踩过创业路上的许多坑。

本体没有自己的销售渠道，通常是找第三方分销。有一次本体与天猫店合作，小陈与天猫店没有签订合同，只是在口头上约定了产品定价，天猫店为了牟利以低价卖出，这让其他分销商产生了不满，也给本体的经营带来了严重的后果。这让小陈深刻地认识到商场上的事情口说无凭，一纸合同才最有效。

小陈也尝试走国际化路线，想要跳出我国电商的圈子。机缘巧合下他认识了一位任天堂（日本一家全球知名的娱乐厂商，电子游戏业三巨头之一）的工作人员。小陈在对方宴请高档餐、带他看豪车等看似走高端路线的"氛围"下相信了对方给自己画出的"大饼"：一个月卖出 50 万件，并形成口头排他性协议，为此还拒绝了一些找上门来的合作商。然而事实上，此人并没有那么大的资源运作能力，一直削减订单量，并一直拖延交付，导致本体错过了最黄金的占领市场的一个月。这件事情给他的最深的感触是做生意不能谈感情，用他的话来说就是"我把心捧给他，他却把我的心砍掉扔了，然后我还问他'你会还给我吗？'"。

还有一次坎坷经历让小陈很伤心。当时正值申报德国红点奖时期，团队里有一位小伙伴比较熟悉申报项目的流程，小陈将这件事交给了他，申报时挂了对方的名字。然而当奖项真正掌握在手里时，人性丑恶的一面就显露出来了，这让双方产生了很多纠纷，兄弟反目，一声叹息。

课堂提问

小陈如何避免在创业路上的这些"坑"？

案例启示

这个故事生动地反映了管理失误所带来的伤害，尤其是在初创阶段。大多数法律纠纷都是误会、草率和缺乏法律知识造成的，创业者必须尽力避免陷入法律纠纷的泥潭。因此，在初创企业生命早期，建立有助于规避法律纠纷的实践和程序至关重要。建立法律意识，不凭感情和感觉做事，将会让初创企业少走很多弯路。

知识探究

初创业者在企业经营过程中，常常因为不懂法、不知法而违规违法经营，或者无法维护自己的合法权益，受到欺诈。初创业者要增强法律意识，除了要认真研读和实际经营密切相关的法律文件，咨询法律专家之外，以下还有一些能帮助初创企业规避法律诉讼和纠纷的行动措施：

1. 要履行所有合同义务

在市场经济条件下，合同事务是很多初创企业都可能面临的问题。在司法实践中，因为合同事务产生的纠纷也是数不胜数。其中，合同的履行是双方当事人订立合同最重要的环节。

由于合同的类型不同，履行的表现形式也不尽一致。但任何合同的履行，都必须有当事人的履约行为，这是合同债权得以实现的一般条件。合同的履行通常表现为义务人的作为，由于合同大多是双务合同，当事人双方一般均须为一定的积极作为，以实现对方的权利。但在极少数情况下，合同的履行也表现为义务人的不作为。无论是作为还是不作为，都是义务人的履约行为。

如果不能履行义务，企业应该与供应商和债主坦诚相待，并应迅速给受损当事人或组织提供一份切合实际的偿付计划，这是维持他们对企业的信心的一种手段。

2. 要充分预估资本需求

如果初创企业资金短缺，那么很可能会经历财务危机，导致法律纠纷。应筹集有效运转企业所必需的资金，并且控制成长，以留存现金。

3. 要做好文书工作

一些商业纠纷之所以产生，是因为书面协议缺失，或者是因为书面协议考虑欠妥而忽视了潜在纠纷。初创企业应重视文书工作，明确记录当事人的权利义务，即使发生纠纷，也容易解决。

4. 要签订创始人合约（协议）

如果两个或以上的合伙人共同成立一家公司，签订创始人协议则尤为重要，如图 7 - 3 所示。创始人协议的内容可以涵盖股权分配方案、创始人就自己的"劳动付出股份"如何得到补偿以及创始人需要在公司待多长时间以获得股权的全部兑现等。这其中很重要的一条内容应该包括，如果创始人决定离开公司了，那么创始人的股权占比将如何处理，也就是我们俗称的股权回购机制。

图 7 - 3　签订创始人合约

 讨论与思考

小王 2019 年和小张、小刘三人共同设立了一家公司，发展场景通业务。公司于 2020 年成功上线了自己的 App，目前试运营效果不错，也吸引了不少外部投资者的注意。

小王持有的公司股权中，预留了 15% 的股票期权池用于未来的员工激励，他说他已经和两名核心员工签署了股权代持协议，授予他们少量期权。小张的股权现在是由他妹妹代持的，原因是公司设立时他还没回国，不方便办手续，后来大家忙着产品开发和上线，代持这事就一直搁置到现在。请思考：

根据小王公司运营的细节说明，进行小组讨论，在启动股权融资之前公司是否存在一些法律风险？

 延伸阅读

初创企业团队可能面临的法律风险

1. 创业项目合法性论证

很多项目从一开始就是注定要失败的。例如，利用 APP 帮助用户进行信用卡套现，通过网贷平台吸收存款放贷等。在实践中，创业团队首先考虑的往往不是融资，也不是要怎么做强做大，而是项目是不是违法甚至是犯罪，能否得到法律的保护。

2. 创业团队成员是否有劳动权利限制

创业最为重要的是人才,很多创业团队集合前,成员还在原用人单位任职,瞒着用人单位偷偷创业。但如有成员与用人单位签署劳动竞业限制协议的,则必须妥当解除与用人单位的竞业限制协议,否则,一旦离职创业后,被用人单位盯上,会遭遇诉讼。

3. 创业合伙协议(股东合作协议、公司章程)必须进行尽可能详尽的约定

合伙协议不仅仅保护合伙人之间的权利义务关系,更为重要的是保护项目的健康、有序推进。合伙协议必须对项目定位、发展规划、分工、股权安排、合伙人权利和义务、亏损承担、股权绑定、薪资、财务管理、决策、加入及退出机制、项目保护等事项,进行白纸黑字的约定。

4. 创业团队组织形式选择

目前法定的公司组织形式包括一人有限责任公司、有限责任公司和股份有限公司等。

5. 公司名称预核时,保护好项目名字

有一些机构专门窥视好的名字,获取企业名称核准信息,挑好的名字迅速抢注商标、域名和微信公众号。所以,注册公司的时候,可以先随便想个名字,申请公司注册,待公司营业执照和组织结构代码证出来后,马上用好的项目名字注册商标、域名和微信公众号。

6. 股份安排

创业初期,团队必须有一个可以一锤定音的灵魂成员,所以,在股份安排时,这个灵魂成员应占多数股份,对于有限责任公司,在进行股权安排时,应适当预留考虑未来股权激励和融资的份额和大致方案。

7. 公司控制权

在进行融资时,对于公司控制权,要给予必要的关注。虽不能完全借鉴,但建议学习下阿里巴巴的合伙人制度。

8. 规范财务,避免个人和创业项目公司财产混同,以免个人为公司债务承担连带清偿责任

资料来源:中国法治网。

本节小结

要谨慎选择合作伙伴。建议通过公司的工商档案了解公司的章程及基本股权架构,了解该公司股东的权利与义务,对加入公司之后的公司运营及利润分配有所预期。还可通过中国裁判文书网，查找是否存在目标公司的涉诉案件，通过相关案件情况，加深对公司真实现状的了解。

要谨慎制定公司章程。开办公司是一项商事活动，与个人情感无关，公司业务的开展需要有明确规则。公司章程是公司的自治规范，约束股东及公司行为，亦是股东保障自身权利的重要依据。需要格外注意的是，修订后的《公司法》将股东的出资问题交由股东自己决定，并不意味着免除股东的出资义务。股东应当严格依照公司章程履行出资义务，否则也会承担相应的责任。

要谨慎处理股东纠纷。建议股东在遇到问题时，首先寻求协商解决，并及时合理地行使自己的股东权利，通过法律途径维护合法权利，实现诉求。此外，股东应当谨慎提起公司解散诉讼或申请公司清算。因为此类诉讼程序一旦开启，股东之间的矛盾一般会更加激化，公司很难存续。

7.2　伏线千里的股权设计方案

初创公司因为股权分配导致的纠纷已经屡见不鲜。网络上曾经出现过的"泡面吧事件"，企业估值过亿却一夜分家；经营"冷笑话精选"等微博的草根第一大号伊光旭集团，因为股权纠纷导致核心团队成员出走另立门户；罗辑思维创始人罗振宇和申音让人唏嘘不已的和平分家；还有诉诸公堂、闹到坐监入狱的真功夫股东纠纷。

这些事件的根源，都在于创始人团队搭建之初，没有对股权进行合理的分配，没有贯彻公平原则，没有充分反映创始人对企业的贡献，没有考虑到股权结构对公司发展的主要意义。但实际上，不合理的股权结构，都有可能让一个本来不错的初创公司分崩离析。

7.2.1　股权占比的奥秘

案例分析

新东方三个合伙人，是怎么成了散伙人的？

电影《中国合伙人》曾一度风靡大江南北。电影的最后，三位合伙人分道扬镳。而现实中，也就是剧本的原型人物——新东方的三位创始人俞敏洪、徐小平、王强，他们将新东方做成我国教育第一股，被称为"新东方的三驾马车",最终却也以"分家"收场。

初创时,三驾马车可谓黄金搭档,每人三分之一的股份,各司其职,但是新东方做大后,矛盾逐渐凸显。

首当其冲的问题是,因为利益的关系,新东方新的业务难以开展。北京的新业务还能均等掌控,但是如果到上海、广州去发展,上海和广州算谁的业绩?图书出版公司算谁的业绩?远程教育公司算谁的业绩?

其次,新东方早期管理层中有不少裙带关系。外界因此戏称新东方人力资源的特点是"三老",老同学、老乡、老妈:当时俞敏洪的母亲是公司的合伙人之一。这一点令从西方留学回来,视"规则为王"的王强无法容忍。

2000年,俞敏洪制订出一套统一战略,对学校进行股份制改革。

第一,合理的股份增发机制,让有能力新股东推进新业务。公司每年都有期权,俞敏洪每年申请期权,发给能干的人,谁干得多,就发给谁,这些"新人"能持续拿到新东方的股权。这样新业务就不断由有能力的新股东来参与、推进。

第二,用10%的代持股份吸引新管理者,撇开裙带关系。新东方共1亿股,在公司股份制改革中,怎么分?俞敏洪特别询问了一家咨询公司,咨询公司要求作为创始人的他持有55%的股份,称这样可以更好地控制公司发展。在分股时,俞敏洪被分到55%,但他拿出10%作为代持股份,自己只拿45%。为什么拿出10%?因为俞敏洪觉得新东方需要新的管理者。按他自己的话说:"家族成员再在新东方,会形成新东方的发展障碍。"

俞敏洪花了4年时间周旋在管理层、地方、部门之间,总算把松散的合伙制变成真正的股份制,但问题没有完全解决。大家对于分完股份后的权利分配仍存在分歧。由于管理层依旧无法达成共识,最后,核心团队辞职的辞职、跳槽的跳槽、另起炉灶的另起炉灶。

分歧的最后,徐小平、王强离开新东方,"战争"宣告结束。离开后的两人创立真格基金,成为业界著名的天使投资人。散伙后,他们依然维系着革命友谊,每年抽出空闲时间进行两三次聚会,偶尔给对方写信。但三人不再像过去那样无所不谈。

其实,三个人散伙,首先说明公司没事先设定具体管理制度;其次,"规则大于人情",用兄弟情义来追求共同利益,无法长久;第三,作为公司最高决策层,企业怎么走,每个人的权力利益怎么分配,如果不能非常明确地摆在桌面上,只是自己在消化,按照自己的时间表走,注定让公司陷入混乱。

资料来源:微信公众号华商韬略,选用时有删减。

新东方的案例给予我们怎样的启示？

如果你是创始人，你会如何避免这种情况的发生？

不考虑企业长期发展，只为追求创业团队成员之间绝时平等的股权分配方案不是最佳的方案。当今我国社会正值创业的大好环境，创业之初科学合理的股权架构，无疑是企业未来稳健发展的基础。在创业初期不重视股权架构设计是导致企业发展壮大后出现纠纷的重要原因。股权架构设计得好，不一定创业成功，但股权架构设计得不好，后面一定会导致各种问题，而且解决的成本也会越来越高，甚至全盘崩溃。

 知识探究

为了做好公司的股权架构设计，首先要清晰法律中关于股权比例的权利和义务是怎样规定的。《公司法》中关于股权的规定见表 7 - 1。

表 7 - 1　《公司法》中关于股权的规定

股权比例	权利和义务
1% 以上	根据《公司法》第一百五十一条规定，董事、高级管理人员有本法第一百四十九条规定的情形的，有限责任公司的股东、股份有限公司连续 180 日以上单独或者合计持有公司 1% 以上股份的股东，可以书面请求监事会或者不设监事会的有限责任公司的监事向人民法院提起诉讼；监事有本法第一百四十九条规定的情形的，前述股东可以书面请求董事会或者不设董事会的有限责任公司的执行董事向人民法院提起诉讼 监事会、不设监事会的有限责任公司的监事，或者董事会、执行董事收到前款规定的书面请求后拒绝提起诉讼，或者自收到请求之日起 30 日内未提起诉讼，或者情况紧急、不立即提起诉讼将会使公司利益受到难以弥补的损害的，前款规定的股东有权为了公司的利益以自己的名义直接向人民法院提起诉讼 《公司法》第一百四十九条规定，董事、监事、高级管理人员执行公司职务时违反法律、行政法规或者公司章程的规定，给公司造成损失的，应当承担赔偿责任
十分之一以上	有限责任公司：代表十分之一以上表决权的股东，三分之一以上的董事，监事会或者不设监事会的公司的监事提议召开临时会议的，应当召开临时股东会议 股份有限公司：代表十分之一以上表决权的股东、三分之一以上董事或者监事会，可以提议召开董事会临时会议 公司经营管理发生严重困难，继续存续会使股东利益受到重大损失，通过其他途径不能解决的，持有公司全部股东表决权百分之十以上的股东，可以请求人民法院解散公司

（续）

股权比例	权利和义务
超过三分之一	股东会议作出修改公司章程，增加或减少注册资本的决议，以及公司合并、分立、解散或者变更公司形式的决议，必须经代表三分之二以上表决权的股东通过。即拥有三分之一及以上股权的股东对公司重大决策拥有了一票否决权
超过二分之一	股份有限公司股东大会作出决议，必须经出席会议的股东所持表决权过半数通过；有限责任公司股东向股东以外的人转让股权，应当经其他股东过半数同意。（过半数："相对过半数"，即指相对于出席会议的股东所持表决权而言，不出席会议的则不统计入内）
超过三分之二	股东会议作出修改公司章程，增加或减少注册资本的决议，以及公司合并、分立、解散或者变更公司形式的决议，必须经代表三分之二以上表决权的股东通过

这其中有 5 个关键比例，如图 7-4 所示，需要创始人牢记心中。在股权设置、股权融资等企业发展的关键环节，需要慎重进行分配。

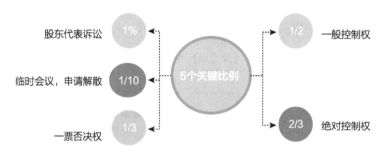

图 7-4　股权中 5 个关键比例

讨论与思考

分小组研究苹果、阿里、小米这三家企业初始的股权分配案例，比较不同公司的股权分配制度及设置的原因。

苹果：

阿里：

小米：

设置原因：

延伸阅读

对外投资或担保

《公司法》第十六条 公司向其他企业投资或者为他人提供担保，依照公司章程的规定，由董事会或者股东会、股东大会决议；公司章程对投资或者担保的总额及单项投资或者担保的数额有限额规定的，不得超过规定的限额。

公司为公司股东或者实际控制人提供担保的，必须经股东会或者股东大会决议。前款规定的股东或者受前款规定的实际控制人支配的股东，不得参加前款规定事项的表决。该项表决由出席会议的其他股东所持表决权的过半数通过。

7.2.2 股权分配的原则

案例分析

2012 年年底，一档名为《罗辑思维》的知识型视频脱口秀蹿红网络。说起《罗辑思维》的诞生，不得不提到一对黄金搭档：主讲人罗振宇与策划人申音。

罗振宇曾是央视财经谈话节目《对话》的制片人。2008 年，罗振宇从央视离职加入第一财经的《中国经营者》。2010 年，罗振宇从《中国经营者》主持人的位置离开。2012 年 4 月，与申音共同注册成立独立新媒（北京）信息科技有限公司（以下简称独立新媒）。

申音也是资深财经媒体人，曾任《中国企业家》杂志执行总编，还曾是《创业家》的首任主编。

2012 年 12 月 21 日，独立新媒推出的《罗辑思维》节目正式上线。

然而，正当《罗辑思维》成了互联网知识经济的奇迹时，2014 年 5 月，传出罗振宇与申音分道扬镳的消息。究竟是什么让曾经"相濡以沫"的两个人"相忘于江湖"？

让我们看看那一年独立新媒的股权结构，申音持股比例为 82.35%，罗振宇持股比例为 17.65%。为什么为大众熟知的罗振宇占的是小股，不到 1/5 呢？申音与罗振宇虽然同为股东，但成立之初其关系却更像经纪人和明星。申音举全公司之力去推罗振宇，颇像经纪公司与还未知名的演员，申音占大股，罗振宇占小股，自然是彼时最恰当的分配逻辑。

但这个世界上唯一不变的是变化。《罗辑思维》这档视频以创始人都没有料想的速度火了，火了的《罗辑思维》将独立新媒推向一个向左走还是向右走的战略岔道口上：继续做大自媒体，复制 N 个《罗辑思维》，还是将《罗辑思维》从自媒体升级成为社群商业？

如果选择向左走老路，那么魅力人格的承载者罗振宇难免感到潜在价值被遏制；如果向右走升级到社群商业，那么对原有运营者申音的能力和心态必将带来巨大挑战。在这个关键的节点，我们看到了股权结构的畸形带来的根本性矛盾。

当大股东和小股东在公司战略方向选择上存在冲突时，理论上应该以股份比例作为最终的权力和利益分配依据。

但独立新媒遇到的问题是，随着罗振宇影响用户的势能日益增强，公司的核心价值已经从申音转移到罗振宇身上，股权却依然握在申音手里。价值贡献和股权结构的倒置，必然会引发两个人的分歧。而且，罗振宇个人品牌价值越大，希望获得的自主权和发展空间就会越大，双方矛盾的频次和强度会越高，走到分崩离析也是必然的结局。

2012 年 4 月 19 日，罗振宇与申音共同成立独立新媒，开始了风雨同舟；2014 年 6 月 17 日，罗振宇与新搭档李天田，注册成立北京思维造物信息科技有限公司；2014 年 7 月 4 日，罗振宇彻底退出独立新媒股权结构。至此，罗振宇与申音的合作宣告解散。

资料来源：搜狐财经 https：//www.sohu.com/a/353267865_100244828。

课堂提问

在这个案例当中，为何一开始合理的股权设计逐渐变得不合理了？
对创始人来讲，股权设计到底意味着什么？

案例分析

罗振宇与申音可以说是千千万万散伙合伙人的典型，究其根源是创业初期，商业模式还在试错阶段，无论是战略方向，还是利益机制，都存在着不确定性。一旦股权结构凝固下来，但商业模式在不断调整，价值贡献在不同股东主体间转移，当大股东不能主动调整股东心态和股权结构以摆脱固化股权的桎梏时，裂痕就开始产生，并一步步扩大。归根结底，股权设计是一种艺术和智慧，股权设计既要促使公司稳健发展，又要平衡各个股东之间的利益，促成长久持续的合作。

知识探究

股权架构的设计根据不同行业、不同外部环境会有所差异。但股权架构设计还是有一些基本的原则需要遵守，要从有利于公司整体的快速发展，而不是个别股东利益最大化的角度去考虑。

1）要维护创始人的控制权。这种控制权是有益的，其目的是保障公司有一个最终的决策者。这里包括两层意思，一是整个创始合伙人团队对公司的控制权，用以把握公司的发展方向；另一层意思是创始合伙人之间要有一个核心人物，这在创业之初极为重要的，最不可取的股权结构是合伙人之间均分股权，不仅因为每个合伙人对企业的贡献是不可能完全一样的，还因为这种股权结构的决策时间长、成本高。

2）要凝聚合伙人团队。现在创业竞争加剧、节奏加快，联合创业的成功率远高于个人创业，而且随着公司的发展壮大，创始人的能力也是有限的，如何找到更优秀的人并能将其留下？这个终极武器就是股权。股权架构的设计，要预留部分股权凝聚好合伙人，那样才能让团队更有竞争力。

3）要激励核心员工。有创始人和合伙人，对一个快速发展的创业企业来说还不够，还需要有积极努力的员工，甚至创始人与合伙人本身也需要激励。股权架构的设计，要预留部分股权用于激励核心员工，那样才能让公司经营管理更和谐，上下一心，其利断金。

4）要促进投资者进入。现在，创业很大一个特点就是有资本的助力，所以股权架构的设计要考虑资本如何进入的问题。因为投资人投出巨额资金，但往往只是小股东，所以需要有一些特设的安排。

5）不能构成公司上市障碍。多数创业都是以上市为目标的，资本市场有益于公司发展，但是上市的要求很多，这就要求在股权上不能有纠纷，在股权架构，如股东人数的限制、股东类型、协议等方面，以及股权变更操作过程中都要合法合规。

以下是一个股权架构设计建议模型供大家参考，图 7-5 是一个初创公司开始时的股权架构，图 7-6 是公司经过几轮融资直到上市前的一个股权架构。

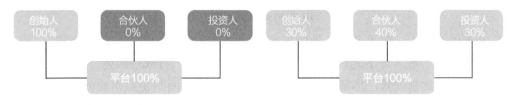

图 7-5　初创公司股权结构　　　　图 7-6　公司上市前股权架构

该股权架构的调整原因如下：

1）创始人股份由全体创始人根据各自的出资额、个人能力、拥有资源、投入时间及即将担任的岗位等因素共同协商确定，一定要维护一个核心人物的控制权，便于决策的高效。创始人开始时股份是 100%，后经转让与稀释占比至 30%。创始合伙人的选择很重要，对于短期资源承诺者、天使投资人、兼职人员、早期普通员工都要谨慎对待，入股的条件是要有分别的，或者不能入股只有利益分享。

2）合伙人股份预留 40%，包含用来招募合伙人的和激励核心团队的两部分，股份可由创始人代持再逐步转让给合伙人或激励股份，创始人可以兼得股权激励股份。

3）投资人股份在上市前可引进总股份的30%，如每次增发扩股10%，投资人往往会附带很多条件，要谨慎选择，注意我们能够承受的"保底"或"对赌"协议，价格可根据公司发展预期与同业水平来估值。

很多初创公司，在分配完股权之后，由于没有设定股权分配与服务期挂钩的机制，导致中途离开的创始人还持有公司大量的股权，分享着公司以后发展的收益，这对尚在公司继续创业的人来说，非常不公平。所以需要设定这样的机制。在媒体报道的西少爷肉夹馍事件中，宋鑫离开西少爷后，仍持有西少爷大量的股权，暂且抛开创始人之间的纷争不说，对于留在西少爷的创始人而言，宋鑫不再参与后续的工作，却继续持有股权，这必然会损害他们的利益。如果西少爷要继续做大，演进到最后，极有可能成为又一出排挤原股东、稀释原股东的大戏，而这些心思和精力本来是应当用于发展企业的。

讨论与思考

小组讨论：股权发放完后，发现合伙人拿到的股权与其贡献不匹配，该如何处理？

延伸阅读

小米的合伙人团队

小米的合伙人，除了名声在外的雷军之外，其余的人也都是一方"大神"。成功将这帮"牛人"收入麾下之后，关键是要将这帮"牛人"拧成一股绳，共创大业。

小米的合伙制创新，是基于新商业文明规则，从而回归企业本质的变革与创新。通过对企业的战略，组织与人的关系进行系统的变革与创新，通过优化组织内部环境，真正凝聚一批有追求、有意愿、有能力的人抱团打天下，让员工变成"合伙人股东"，把小米的事业变成大家共同的事业。

小米合伙人团队的特点是：他们都是创始人自己找来的合伙人，或经过磨合的合伙人推荐过来的合伙人，合伙人之间都经历过磨合期；他们都是围绕小米的铁人三项核心业务"软件、硬件与互联网服务"分布；在小米很早期就参与创业，不领工资或领低工资；掏真金白银买股票，团队内部56名早期员工就投资了1100多万美元。

小米豪华合伙人团队无法复制。但是，小米寻找合伙人的经验值得借鉴：

1）股权分配背后对应的是如何搭班子。先得找到对的合伙人，然后才是股权配置。创业者得去思考，公司业务发展的核心节点在哪？这些业务节点是否都有人负责？这些人是否都有利益？

2）合伙人之间要在具体事情上经过磨合。

3）给既有创业能力又有创业心态的合伙人发放股权。

4）通过圈内靠谱人推荐其圈内朋友，是找合伙人的捷径。例如，如果公司想找产品经理，直接去挖业务闻名 NB 的产品经理；如挖不成，让他帮忙推荐他圈内的产品经理。

本节小结

股权分配不是单一的钱的问题，创始人要缜密思考，企业的关键成功要素是什么？业务发展的核心节点在哪里？这些关键成功要素、业务节点需要哪些人负责？应该给他们哪些利益进行捆绑？为此，给创始人的建议是：

1）先磨合，再合伙。打个比方，先恋爱，再结婚，经过磨合与相互了解，觉得这个人可以相伴一生，再办结婚手续，办财产证明。

2）看准了就要给。对既有创业能力，又有创业心态的人要果断发放股权，不要再犹豫，否则这样的人可能会被别人挖去。所谓能力就是与初创企业相匹配的能力、资源，最起码应该是初创企业最需要的、最关键的能力；所谓心态就是具有"横下一条心跟着你"的决心，最起码要经得起折腾。

3）最好是先一把一清，合适入伙时再给。对于那些创业早期对自己有帮助的人，最好方法是即时结算，一把一清，在合作的过程中，再看看适合不适合拉他入伙。创始人要记住，不能随便地引进投资者，不是谁的钱都能要。有些人的钱进来之后反而是一件坏事。

4）不要有太多联合创始人。要注意不要给出太多的控制权，无论是联合创始人还是投资者。第一，创始人团队千万不要从一开始就把股份平分了；第二，大家要达成共识，公司得留出一部分股份给未来，分给以后加入的骨干人员，这样给企业留出一个未来的发展空间。创始人一定要明白，股份和激励机制是两回事。赚了钱多拿点出来和团队分享，这是激励；而股份不是这样，对于识货的人，股份有价值，对于不识货的人，创业公司的股份是白纸上画的大饼，根本不实惠。所以，创始人在分钱时要大方，在分股份时要小心。

【团队组建与管理计划书】

请完成附录 B：《团队组建与管理计划书》中的第四部分——我的股权设置方案。

第8章 塑造初创团队文化

| 案例分析 | 知识探究 | 讨论与思考 | 延伸阅读 |

> 一个 CEO 最终能否成功取决于这样一
> 种能力，即准确理解本公司的文化，
> 并对这种文化不断进行雕琢和塑造，
> 使其适应不断变化的市场需要。
>
> ——特伦斯·迪尔

 本章导读

　　通过本章的学习，同学们能够认识到文化对于形成组织核心竞争力的重要性，掌握团队文化的基本要素，并能够充分理解内涵，学习塑造团队文化的基本方法和要点，帮助企业建立好的文化氛围，为企业的长远发展树立方向，建立根基。

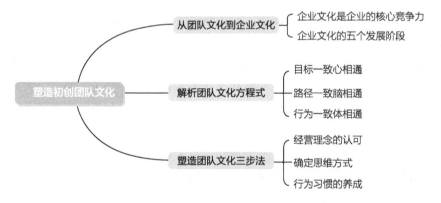

 能力目标

- 能掌握企业文化的重要性和阶段性特点，提升对企业的文化管理能力。
- 能掌握建构团队文化的方法，提升企业的核心竞争力。

8.1　从团队文化到企业文化

8.1.1　企业文化是企业的核心竞争力

案例分析

海尔激活"休克鱼"

海尔人用一个形象的说法称兼并为"吃休克鱼"。他们认为，我国企业之间的兼并不是鲨鱼吃鲨鱼，也不是吃小鱼吃鳗鱼，而是吃"休克鱼"。什么叫"休克鱼"？海尔集团总裁张瑞敏的解释是：鱼的肌体没有腐烂，比喻企业的硬件很好；而鱼处于休克状态，比喻企业的管理思想、经营理念有问题，导致企业停滞不前。这种企业一旦注入新的管理思想，有一套行之有效的管理办法，很快就能被激活起来。海尔人就是通过这种吃"休克鱼"的办法，成功地兼并了 14 家亏损总额达 5.5 亿元的企业，盘活资产 14.2 亿元，成功实现了低成本扩张的目标。

海尔人可谓懂得在我国兼并企业的真谛。所谓"吃休克鱼"就是在所兼并的企业内，清除原有的落后的文化基础，而把先进的文化——新的管理思想嫁接进去，用海尔人先进的管理文化去改造落后的东西，或者说是把兼并企业成功地融入海尔人的企业文化。在企业兼并中，企业文化融合的重要性由此可见。

在企业兼并问题上，海尔人就处理得十分好。他们把解决文化冲突放在首要的位置上解决。接收兼并企业，一般企业第一个派去的总是财务部门，而海尔第一个派去的部门却是企业文化中心，由企业文化中心的人去讲海尔精神、海尔理念。1995 年 7 月，海尔兼并红星电器公司，没投一分钱，硬是靠海尔精神、海尔理念激活了一个企业。

资料来源：《从海尔激活"休克鱼"谈兼并中的文化融合》，作者侯艳玲。

课堂提问

1. 为什么海尔在兼并红星的时候，首先派去的是企业文化部门？
2. 你对于企业文化这种无形资产的价值如何看待？

案例启示

海尔兼并红星的案例被收录入哈佛大学教材，是非常经典的用企业文化这个无形资产盘活大量有形资产的案例。在这个过程中，企业文化起到了点石成金的作用，让这个昔日的行业巨头重新焕发出了光彩，成为海尔新的发展引擎，并为其他企业兼并提供了样本。

知识探究

1. 企业文化的定义与起源

企业文化是企业内部成员的共同价值观体系，表现为企业的"个性与风格"，它以企业宗旨、企业理念的形式得到精练和概括并获得传播，最终由企业的产品和员工行为习惯体现出来。企业文化的出现源于日本经济的崛起，20 世纪 80 年代中期，日本的汽车和电子产品长驱直入美国以及全球市场。索尼、丰田、本田成为美国家喻户晓的品牌以及美国大众购买的首选品牌。这个事实给了美国企业界和管理学研究领域极大的震动，同样也引发了美国研究日本的热潮。美国学者发现，日本企业具有一种特殊的元素是美国企业不具备的，这个元素被美国学者确定为"企业文化"。

企业文化作为企业管理与经营的概念诞生于 20 世纪 80 年代中期，源于对竞争力来源的理解。如果不是日本企业的成功，不是美国遭遇日本企业的强力挑战，企业文化这一概念还不会如此迅速地成为企业管理的核心话题。因此，企业文化本身就是核心竞争力的重要体现之一。在了解日本企业成功的缘由之后，美国开始进行全面的企业再造过程，打造属于自己的企业文化。

大部分人在理解企业再造的时候，简单地将其理解为流程再造，但是企业再造没有企业文化重塑，没有人们行为和理念的彻底改变，流程再造并不能使企业再造。在这个过程中，美国企业形成了属于自己的全新企业文化，那就是变革与创新。而这个文化再造让美国企业自 20 世纪 90 年代中期起直至今日，在全球具有优势的竞争位置，这个过程再次向世人证明企业文化是企业竞争力的来源。

2. 企业文化的强大竞争力

图 8-1 为一个企业的市场竞争力模型图。较容易被其他企业模仿和抄袭的竞争力，我们称之为较差竞争力；很难被模仿，难以被超越，具有稀缺性、不可复制性的竞争力，我们称之为格差竞争力。营销的技术和手段，产品的外观和造型等都是极易被模仿的较差竞争力，而越往下是越难模仿的企业文化力，如经营体制力、资金的运营管理能力等。

例如，当共享单车的概念推出时，一大批企业蜂拥进场，无数资本跟进，满大街都是五颜六色的共享单车。这些企业的营销手段和技术都不会相差不大，但是背后的经营体制和业务管理能力逐渐在更长的时间线上拉开差距，于是很多企业纷纷倒闭。

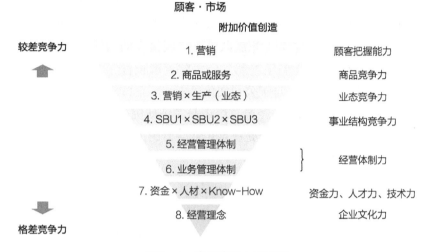

图 8-1　市场竞争力模型图

市场竞争力模型图的最底部是企业文化力，即企业的经营理念。企业文化力并非一朝一夕可以形成，需要长时间的积累和酝酿，一旦形成很难改变。俗语"江山易改，本性难移"，对人如此，对企业也是这样。并且这种文化基因会影响着企业每一天的经营，每一个决策，每一个员工行为。

哈佛大学商学院曾经将联想公司作为一个典型商业案例进行研究，并发布了名为《中国科技的奇迹——联想在中国》案例报告，在案例发布会上，柳传志语出惊人地表示案例深度不够，他认为案例在研发策略、销售策略、生产方式等运营层面给予了过多的笔墨，而在企业机制与企业文化层面提及甚少，他认为联想成功的关键在于企业机制和企业文化层面的良好基础。柳传志提出了"房屋图"理论，他认为企业文化作为企业发展的根基，如果根基不牢，企业将来的发展很可能走偏，因此必须高度重视。

2001 年，《财富》杂志全球 500 强评选总结中提到，最能预测企业各个方面是否最优秀的因素是企业吸引、激励和留住人才的能力。美国文化评估专家布鲁斯·普福认为，企业文化是加强这种关键能力的最重要的工具。同时，该评选对业绩好的企业和业绩一般的企业进行了对比，见表 8-1。

表 8-1　业绩好的企业与一般企业的文化之不同

业绩好的企业最优先考虑	业绩一般的企业最优先考虑
协作精神	尽可能减少风险
以顾客为中心	尊重各级管理者的指挥
公平对待员工	支持老板
主动性和创新精神	做出预算

业绩好的公司更加重视协作精神、以顾客为中心、公平对待员工、主动性和创新精神的培养，而业绩一般的公司最优先考虑的则是减少风险等方面的问题。海氏集团副总裁梅尔文·斯塔克总结说："最受赞赏的公司的意见一致超过我们研究的几乎所有公司。不仅在文化目标上一致，而且对公司如何争取那些目标的看法也是一致的。"纽柯钢铁公司创立于1954年，半个世纪就跃升为美国最大的钢铁公司和《财富》美国500强企业，年销售收入1000多亿美元。公司前董事长肯·艾弗逊认为：纽柯的成功，30%来自于新技术，70%来自于公司文化。

由此可见，中外企业，无论是经验总结还是实证研究，都显示出企业文化对企业的长期经营业绩有重大影响力，甚至是决定企业兴衰的关键因素之一。

讨论与思考

课堂提问：初创团队是否应该打造企业文化？写下你的观点和理由。

延伸阅读

索尼企业文化特征

可靠（客户的观点和客户的期望）。员工的可靠性是一种文化特性，使索尼公司能够考虑客户的观点以及解决客户的期望。这种企业化的特点，通过确保员工能够解决客户的需求和公司产品的查询，提高客户满意度。例如，索尼的PlayStation的产品设计与开发过程主要是根据客户的观点以及在对游戏的期望所开展的。通过这样的方式，企业文化有助于使公司的产品输出与市场需求相匹配。

信赖（客户的观点和客户的声音）。索尼的企业文化强调员工必须具备使客户满意的知识和技能。客户的观点和客户的声音，迫使公司要确保其员工是可信的。例如，基于客户的观点和反馈，索尼开发培训计划，以提高标准和流程。针对可信员工的人力资源培训和开发计划反过来进一步加强企业的文化影响。

热忱（客户的声音和客户的期望）。索尼公司组织文化的这种特点促成了员工与顾客之间的友好关系。这种文化特征的结果导致了更高的顾客满意度。例如，因为员工的热情，使得顾客在索尼商店有宾至如归的感觉，从而增加销售的可能性。因此，企业文化是索尼在电子、娱乐和金融服务市场留住客户的重要方式。

资料来源：HR案例网。

8.1.2　企业文化的五个发展阶段

 案例分析

华为的企业文化

到 2012 年上半年，华为已经超越爱立信，成为全球第一大电信设备商。同时，华为刚刚进入的企业业务领域也让竞争对手"战栗"。究竟是什么样的企业文化，推动着 14 万华为人从默默无闻，到走在成为世界第一的路上？

对于华为这样一家科技公司来说，技术的领先和投入对于确保成功必不可少，但是企业文化的作用更为关键。"狼性"一直是外界对华为文化的最形象概括，但实际上，"狼性"文化对初创期的华为确实起到不可磨灭的作用，但是经过多年的发展、补充和融合，这已经不能代表华为文化的全部。

华为曾经给人的印象是：目标明确，确定目标后，不计代价达到目标。凡此种种，外界称之为华为的狼性文化。但是随着华为的发展，"狼性"文化也开始出现弊端。例如，"狼性"文化过于强调为了达到目标，可以不择手段，一定程度地破坏了市场规则，也不利于员工产生归属感。

同时，"狼性"文化适用于"打江山"的华为，它解决的问题是如何让华为活下去，但在华为已经成为全球第一大电信设备商之后，华为开始对企业文化做出新的调整和补充，摆在华为面前的问题是：如何才能活得更长久。

2010 年，任正非在全球市场工作会议上首次提出：开放、妥协与灰度，并将其确定为华为文化的精髓以及华为管理团队的标准。2011 年，任正非谈到，他从都江堰的修建过程中得出了"深淘滩、低作堰"的感慨，华为应该依靠提高人均效率以及与利益相关者形成同盟，才能获得更好的发展。不过任正非也表示，多年来华为在很多方面取得了较大成绩，并在全球化竞争中奠定了基础，未来华为工作和战略调整的魂，应该仍是"以客户为中心，以奋斗者为本"的企业文化。

课堂提问

1. 华为的企业文化经历了怎样的变化？坚持了什么？改变了什么？
2. 你如何看待这样的变化？

案例启示

在华为的企业文化变迁当中，我们看到随着市场的变化、企业的成长，企业文化也有着不断调整和适应的过程。企业文化也有阶段性的特点，有着自己的生命成长曲线。对于初创团队来讲，应把握住当下团队的特点，培养具有团队特点的企业文化。

知识探究

企业文化具备开放性、阶段性、发展性的特点。在实践中，需要准确把握企业文化的这些特点，才能更好地指导不同阶段的企业发展。只要有人群的地方就有文化，或者我们称之为"氛围"，所以每个企业都有自己的文化。但是，并不是每个企业都有真正意义上的企业文化，因为企业文化的衡量标准是企业在环境中的生存状态如何、在竞争中是否具有竞争优势的状态、产品和企业获得顾客认同的程度如何，以及员工的凝聚力和忠诚度如何。如果企业在市场竞争中并没有形成自己独特的竞争优势，没有与环境变化和发展的趋势走在一起，产品并没有获得顾客的认同，企业形象没有在顾客内心获得认可，员工的流动性高而且没有认同公司，那么此时，企业文化并没有形成，公司所具有的只是一种企业自发的文化，或者企业创业者自己所倡导的文化，企业文化还在初创阶段。

企业形成具有竞争力的企业文化需要经历生存、企业家文化、团队文化、企业文化、竞争性文化这五个阶段，如图8-2所示。

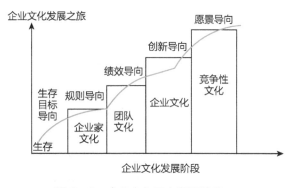

图8-2   企业文化五个发展阶段

1）生存阶段。 在这个阶段企业为生存奋斗，可以说存活是最迫切的需求，所以价值取向是以目标为导向，以生存为要义。这个阶段的企业核心任务不清晰，发展方向不明确，一切都在刚起步的探索阶段。企业无章可循，各种思想和价值观在企业冲突和交汇，文化呈现出生机勃勃的野蛮生长阶段。股东往往就是身兼数职的员工，此时的企业更类似于家庭作坊的生存状态。

2）企业家文化阶段。 这个阶段企业应该构筑规则体系，企业文化以规则为基础。张瑞敏对员工所做的"不准随地大小便"的规定要求就是属于企业文化的第二阶段，以建立规则与秩序为基础。在这个阶段，企业家的个性偏好和价值观外化为企业的偏好和价值观。企业家的言行举止都对企业文化的建立起到了非常关键的引导作用。例如TCL公司总裁李东生，在他的带领下，TCL创造了一个又一个辉煌的业绩，从而形成了TCL独特的合金文化。他认为TCL能够取得今日的成就，建立开放的企业文化体系是一个重要的因素。杰出的领导者对企业来讲是不可多得的财富，他们对企业文化体系影响巨大。

3）团队文化阶段。这个阶段是以绩效为基础的，厚实的绩效可以帮助企业构建系统能力。强大的系统整合能力，能够将企业内外部的优质资源，通过企业文化有效调度和整合，再对社会进行系统化输出，形成企业的品牌形象。团队有着比较明确的氛围基调，有着基本的价值判断。

4）企业文化阶段。这个阶段企业的核心价值观稳定，企业的文化基调成形，企业文化已经能够引导和规范每一个新入职员工，深入到每个员工的行为举止中，渗透在每个产品中，成为这家企业的可辨识度基因。这个阶段企业文化以创新为导向，当企业基本盘稳定，就需要每一个员工都能发挥作用，只有企业可以接受变化和包容失败时，企业才有创新的能力。特别在企业走过初创期，业务链条稳定后，要避免大企业病，企业能够从上至下不断地突破和创新，有更多的流动性和创造性，如小米、Facebook 等。

5）竞争性文化阶段。这个阶段以愿景为导向，企业具有了核心价值能力，可以用文化凝聚所有人从而获得强有力的竞争地位。这个阶段企业已经形成了根深蒂固的企业文化、坚定且清晰的企业愿景，能够凝聚企业内外，包括行业内外的所有人的支持和认同，在获得巨大经济效益的同时获得社会效益，如迪士尼、华为等。

处于不同生命周期的企业，会采用不同的控制系统，着重点不同，自然会带来不同的文化生态。初创团队更多是停留在企业家文化和团队文化阶段。这两个阶段属于企业文化的建设阶段，在不断地完善制度、规范流程中，在不断地进行价值观明晰中，编码企业的文化基因，凝聚团队，提升士气，积极面对企业初创阶段的困难与挑战。

残酷的市场竞争需要初创团队中的每个人身兼数职、殚精竭虑，这种时刻，很多企业创始人会放弃企业文化的塑造，这实际上给企业经营带来了更大的风险。原因如下：

1）企业文化任其野蛮生长，会产生劣币驱逐良币的效应。当文化杂草丛生时，重新进行整理，将会花费很大的气力，毕竟在一张白纸上画出美丽图案要比在涂鸦上进行再造要容易得多。

2）企业文化可以凝聚人心，鼓舞士气。企业初创期，当经济收入、社会地位等暂时无法给予创业团队成员足够的回报时，那感动人心的企业价值观和愿景，会起到非常重要的定心丸作用。根据麦可思对某高职院校毕业生的追踪调查报告显示，即便是刚毕业就创业的大学生，机会型创业比例也已远远高于生存型创业比例。

著名的管理大师彼得·德鲁克曾说："坏的文化会吃掉公司战略。"因此，无论企业发展处在哪个阶段，企业文化都需要用心经营和管理，这是一把双刃剑。无数事实证明，优秀的企业文化会助力企业发展壮大，甚至挽救企业于危亡；反之，会成为企业发展的桎梏，甚至导致企业崩盘。

|讨论与思考|

观看海底捞宣传片《做好每一件最基本的事》，请回答以下问题，然后小组讨论交流。

1. 结合企业文化发展的五个阶段，同学们认为目前海底捞的企业文化建设到了哪个阶段？

2. 在海底捞的企业文化建设过程中，你印象最深的举措是什么？为什么？

3. 你认为海底捞和其他火锅店的最大区别在哪里？

 |延伸阅读|

顺丰公司的企业文化

顺丰的企业文化如图 8-3 所示。

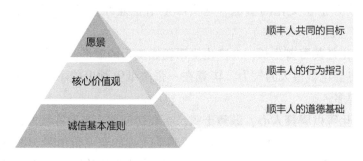

图 8-3   顺丰公司企业文化

顺丰的愿景

成为最值得信赖和尊敬的速运公司。

- 我们致力于为员工提供一份满意和值得自豪的工作。
- 我们致力于快速、安全、准确地传递客户的信任。
- 我们致力于成为速运行业持续领先的公司。

- 我们致力于承担更多的社会责任。

顺丰的核心价值观

"FIRST" 是顺丰核心价值观的英文简写，分别取诚信（Faith）、正直（Integrity）、责任（Responsibility）、服务（Service）、团队（Team）的首个字母组合而成。

- 成就客户。客户为先，创造极致的服务体验。
- 创新包容。以创新之心，探求未知之路；以包容之道，佑护创新前行。
- 平等尊重。平等相待，视对方为另一个自己；彼此尊重，用倾听和理解接纳他人。
- 开放共赢。拥抱变化，在开放中寻求发展；求同存异，在合作中赢未来。

诚信基本准则

- 不作假、不欺瞒。
- 不损人利己，不以公谋私。
- 不损害客户及公司利益。
- 不轻信毁诺，不失信于人。

资料来源：MBA 智库百科。

 |本节小结|

企业文化是企业的核心竞争力。企业文化这个研究领域诞生之初就是因为日本企业的崛起，引起了美国学界和企业界的关注，在研究竞争对手的过程中，他们提炼出了日本企业的制胜法宝，就是企业文化。

企业文化根据企业生命周期，也有五个不同的发展阶段，分别是生存阶段、企业家文化阶段、团队文化阶段、企业文化阶段和竞争性文化阶段。初创企业多数处于企业家文化和团队文化阶段。企业文化真正形成的阶段是竞争性文化阶段。企业具有了核心价值能力，可以用文化凝聚所有人从而获得强有力的竞争地位。创业者要根据自己项目的特点，服务人群，发展阶段，因地制宜建设与发展自己的企业文化。

8.2 解析团队文化方程式

关于企业文化要素，有多种研究视角与结论，最有代表性的是迪尔和肯尼迪提出的五个要素说、河野丰弘的七要素说，以及汤姆·彼得斯的八要素说。这些要素多是针对比较成熟的企业，它们的企业文化已经比较完善，内涵比较丰富。对于初创企业而言，一切都是从零到一，企业文化刚刚起步。按照企业文化的发展历程，这个阶段的文化我们称之为团队文化。团队文化最核心的要素主要是三个：共通价值观、共通思维方式、共通行为方式，如图 8－4 所示。

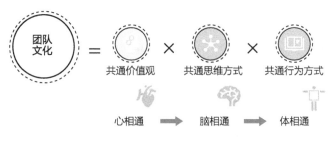

图 8－4　团队文化三要素

这三个要素的相通分别代表了心相通、脑想通、体相通。在三者协调一致，互相作用的时候，团队文化就能够融会贯通到企业经营中的每个环节，从战略制定，到战斗实施，不仅能不走样地贯彻到底，还能最大限度地激发团队的活力。

8.2.1　目标一致心相通

案例分析

创建于 1802 年的杜邦公司，目前业务遍布全球 70 多个国家和地区，而成功融合各种文化背景的平台就是杜邦两个世纪来所形成和一直遵循的"企业核心价值"，具体地说就是"安全、健康和环保、商业道德、尊重他人和平等待人"。

这四个价值观反映了人们的共同渴望，具有很强的包容性和兼容性。而以此为根本的杜邦企业文化，通过强有力的制度保障，贯穿于杜邦全球经营和社会活动的始终。

杜邦公司从 20 世纪 80 年代初开始在中国经营业务，并从一开始就把公司的核心价值观引入经营活动之中。近 20 年的实践表明，杜邦公司文化的概念是行之有效的。

有人说，中西方在环保上的意识差异很大。而在环保方面的投入是杜邦在设计和建造新的生产设施时十分关注的问题。由于前期购置环保设备投入的加大会延长企业投资回收的时间，是不是会让合资伙伴产生其他想法？事实证明，当杜邦把建议背后的长远考虑和盘托出之后，中方伙伴欣然接受，并同意将有关环保的条款以合同的形式确定下来。

再比如，杜邦的安全文化是非常有特色的。杜邦的安全与健康原则之一就是"杜邦员工无论在上班时还是在下班后都要注意安全"。正如在一本公司内部刊物上所说的那样，"安全"不只是一个名词或一句口号，它与我们的日常生活紧密相连，决不可有一丝妥协。可是，往往有人会贪图便利或因一时疏忽而造成难以弥补的伤害。若平时能够居安思危，建立危机意识，就能远离意外的阴影，给自己或家人最大的保障。

在推行这一理念的时候，杜邦将"安全"与中国人十分重视的"家庭观念"结合起来，通过举办"家庭安全日"活动，不仅让员工深入了解安全的观念，而且让与其共同参与活动的家庭成员也掌握了许多安全知识，把对安全的重视从 8 小时以内的工作场所拓展到 8 小时以外的家居环境。同时也让员工感到公司对家庭的重视，产生文化上的共鸣。

北京一位员工的说法具有代表性。他说："杜邦是我服务的第一家外国企业。在跳槽现象普遍的北京，我在杜邦一做就是五年以上，原因之一就是杜邦的企业文化，而其中安全意识又是让我印象最深刻的。"

课堂提问

你是如何看待杜邦的企业文化的？

杜邦为什么要这样高度重视他们的核心价值观？

案例启示

杜邦经过长期的实践，凝练出属于自己的核心价值观，成功提升了企业的凝聚力和向心力。同时，杜邦通过一系列行之有效、并且颇有特色的价值观塑造活动，赢得了合作伙伴的尊重和信任，赢得了员工的忠诚和支持。

知识探究

1. 什么是价值观

价值观是价值主体在长期工作和生活中形成的对价值客体的根本性看法。价值观可以回答以下几个问题："什么事至关重要？""什么很重要？""我们该如何行动？"它包括价值主体的价值取向，以及价值主体对价值客体及自身的评价。价值观的主体可以是一个人、一个国家、一个社会，也可以是一家企业。价值观一旦形成，就成为人们立身处世的依据。

2. 什么是企业价值观

团队的价值观让人们凝聚在一起，并且觉得所做的事情有意义。企业的价值观是一个团队的基本理念和信仰，构成了团队文化的核心，它界定了"成功"这一概念的具体内容，并建立了内部的成就标准，更是企业在进行选择时不可或缺的行动指南。

3. 建立企业价值观的意义何在

曾经有人问过爱因斯坦："世界上最重要的科学问题是什么？"爱因斯坦的回答是："假如这个世界上有什么最重要的科学问题，那就是，这个世界是善良的，还是邪恶的？假如一个科学家他相信这个世界是邪恶的，他就会终其一生去发明武器，创造墙壁，发明那些把人们隔得越来越远的东西；但如果他相信这个世界是善良的，他就会终其一生去创造链接，创造沟通，发明那些把人们越拉越近的东西。所以我认为这个世界是善良的还是邪恶的，是最重要的科学问题。"

对于企业来讲，相信什么是重要的、什么是有价值的是决定企业发展方向的核心问题。因此成功的公司几乎像维护宗教信仰一样地维护自己的核心价值观——除极少数情况外，从不改变它。有些公司的核心价值观实际上已经原封不动地保持了一百多年。井深大创造的最伟大的"产品"不是收录机或栅条彩色显像管，而是索尼公司和它所代表的一切；华特·迪士尼最伟大的创造不是《木偶奇遇记》或《白雪公主》，甚至也不是迪士尼乐园，而是华特·迪士尼公司使观众快乐的超凡能力。山姆·沃尔顿最大的创造不是沃尔—玛特概念，而是沃尔玛公司以最出色的方式把零售概念变成行动的组织。它们的主要贡献是一种永不过时的东西：一个有着高度适应力的组织，这个组织有一笔代代相传的"精神遗产"，一套根深蒂固的价值观。这些优秀的甚至伟大的公司都因为其核心价值观而得以延续。

4. 企业价值观的作用

1）为企业的生存与发展提供精神支柱。美国著名心理学家马斯洛指出："人的需求是有层次的，高层次的精神需求一般通过以价值观为基础的理想、信念、伦理道德等形式表现出来。当个体的价值观与企业的价值观一致时，员工就会把为企业工作看作为自己的理想奋斗。一家企业如果能使其价值观为全体员工所接受，并为之自豪，那么企业就有了克服各种困难的强大精神支柱。"

2）决定企业的基本特性和发展方向。例如，一家以利润作为首要价值观的企业，当企业利润和顾客利益、社会利益发生矛盾和冲突时，往往会自然地选择前者，以牺牲顾客利益和社会利益来获取企业利润最大化。

3）对领导者及员工行为起到导向和规范作用。企业价值观对企业和员工行为的导向与规范作用，既通过规章制度、管理标准等硬性管理手段（企业价值观的载体）加以实现，也通过群体氛围、传统习惯和舆论指导来实现。

4）激励员工发挥潜能，增强企业的合力。企业价值观类似于一种理性的黏合剂，把企业员工固定在同一个信念目标上，以其大量微妙的方式沟通员工的思想，创造出一个共同协作的背景，把企业内部各种力量朝着一个共同的方向汇聚到一起。

 |讨论与思考|

企业的价值观反映了不同企业的价值判断和立场，每个企业的价值观的结构和理念诉求都会有所差异，并体现出鲜明的特征。尝试找出 3 家不同企业价值观各自的特点，结合经营故事，分析价值观在企业实际经营中的影响和应用。（可以以延伸阅读中的企业价值观为例）

 |延伸阅读|

知名企业的价值观

字节跳动的价值观：不断提高要求，延迟满足感；在更大范围里找最优解，不放过问题，思考本质；持续学习和成长。

腾讯的价值观：正直 + 进取 + 合作 + 创新。

百度的价值观：简单可依赖。

阿里的价值观：客户第一、团队合作、拥抱变化、诚信、激情、专业执着。

联想的价值观：成就客户、创业创新、诚实正直、多元共赢。

IBM 的价值观：成就客户，创新为要，诚信负责。

TCL 的价值观：用户至上，开放创新，合作分享，诚信尽责。

格力的价值观：少说空话、多干实事，质量第一、顾客满意、忠诚友善、勤奋进取、诚信经营、多方共赢、爱岗敬业、开拓创新。

联合利华的价值观：始终秉承诚信原则、积极影响、持续承诺、提出我们的愿望、与他人合作。

宝洁的价值观：领导才能、主人翁精神、诚实正直、积极求胜、信任。

8.2.2 路径一致脑相通

3M 公司：宽容失败才能鼓励创新

总部坐落于美国明尼苏达州圣保罗市的 3M 公司，是一家跨国多元化集团公司，创建于 1902 年，业务领域涉及卫生保健、电力、运输、航空航天、通信、建筑、教育、娱乐与商业。3M 公司在 2019 年《财富》世界 500 强排名第 380 位，销售额 327 亿美元。

对于 3M 公司来说，让其享誉世界的就是其异常强大的创新能力。3M 公司成立至今，为全世界贡献了 7 万多种产品，从办公文具到汽车用品，从医疗器械到手机附件，全球有超过 50% 的人每天直接或间接地接触到 3M 公司的产品。

在 3M 公司中国网站上这样写道："3M，创新精神为本——我们始终致力于不断创新、开发新技术和新产品，随时满足客户所需。"

3M 公司能够容忍失败，鼓励进行更多的创新和冒险。"失败——成功"的历史就是 3M 公司的历史。3M 公司的创建者不是科学家，也不是发明家，而是一位医生、一位律师、两位铁路行政官员和一位肉制品销售经理。他们买下一块森林茂密的土地，准备设矿采掘金刚砂，结果采掘出来的根本不是金刚砂，而是一种无甚价值的矿砂，后来发现，矿砂可以制造砂纸，从此产品创新和行业拓展之路一发而不可收。3M 公司努力创造轻松自由的研究开发环境。如果你的创造性构思失败了，那也没关系，你不会因此而遭到冷嘲热讽，照常可以从事原来的工作，公司依然会支持你的新构思。

3M 公司的精神之父、前董事长兼总经理威廉麦克纳说："我认为在发生错误时，如果管理者独断专行，过于苛责，只会扼杀人们的积极性。只有容忍错误，才能够进行革新。"这句话可以说是 3M 公司管理者的座右铭。

3M 公司的管理者知道在成千上万个构思中最后成功的只是凤毛麟角。公司对此有一个很形象的比喻——"亲吻青蛙"。为了发现王子，你必须与无数只青蛙接吻。"亲吻青蛙"意味着经常失败，但 3M 公司把失败和"走进死胡同"都作为创新工作的一部分。他们奉行的哲学是：如果你不想犯错误，那么什么也别干。

课堂提问

1．3M 公司对于创新失败的宽容是否体现了公司的核心价值观？

2．如果你是 3M 公司的员工，这种鼓励创新的思维方式会对你的工作方式、行动方式产生影响吗？

案例启示

3M 公司在企业的发展过程中，坚定地支持创新、鼓励创新，从各种角度来保护创新者、鼓励创新者，让创新的思维方式在每个员工心中生根发芽，进而成为 3M 公司的一种独特的企业文化。

知识探究

共通的思维方式是基于共通的价值观而对事物产生的统一的认识。我们都会从这样的一个维度去思考和解决问题，对公司的战略、战术、战斗有共识。如果说价值观是灯塔，为我们航行时指明方向，是进行方向选择时的基本判断，那共通的思维方式就是一个团队在组织实施到达目的地的过程中的默契。例如，大家组团去珠海，可以搭乘汽车、飞机、轮船，选择交通工具时的衡量标准就是大家的思维方式，是否是最快到达、最经济、最美风景等。企业在评估和选择一个新产品、在制订一套营销方案、在选择一个合作伙伴的时候，都很容易发生争执，这就需要有共通的思维方式，然后团队能够尽快达成共识，选择最适合企业发展的方案。在一次次的选择与共识形成的过程中，形成企业共通的文化。

比如，小米在开始设计一款新产品时，就会考虑如何让用户参与进来，在研发过程中，会看重用户的反馈和参与度。与用户共创已经成为小米共通的思维方式。再比如，有人戏称腾讯的产品经理都是"拜用户体验教"，如果你想要说服别人认可你的产品，那就要反复提用户体验，如果你想要否决别人的产品，必杀技也是用户体验。对用户体验的尊重，对用户体验细枝末节的极致关注成为腾讯产品经理共通的思维方式。

大到国家，小到一个学生社团，都会在发展过程中形成团体的思维方式。例如，某高校的义工联合会的思维方式是：如何去关注他人、关爱他人、淡化个体、强调团队，是一个讲付出、谈奉献的团体。而校艺术团成员的思维方式是：如何让他人关注到自己，让自己能够在人群中脱颖而出，是一个淡化团体，强调个性的社团。两种不同的思维方式让他们在思考问题的时候会采取不同的角度去解读，也会让他们采取不同的方式去应对。

讨论与思考

案例分析：请阅读下面的案例，尝试找出两种思维方式的不同点，并找出你认可的思维方式。思考在你的企业中如何去培养这种思维方式。

小秦文案能力出色，刚毕业就加入互联网公司。他从产品的双微开始运营，每天和用户接触互动，处理各类投诉，后期的社群也运营得有声有色。小路最初加入公司时，因为他的理科生背景，做报表比较多，分析产品背后的各种指标已经信手拈来，属于运营团队的数据桥梁。

这两类人很容易区分，一个感性些，一个理性些；一个与用户打成一片，一个钻研数据。

一次，公司做促销活动，小秦和小路会从什么角度策划呢？

小秦从用户角度思考。以优惠券为例，他不会单纯发优惠券玩促销，反而将优惠券拆成多张。多张的目的是让用户重复消费，养成消费习惯。在其他层面，小秦会为消费者们思考得更周全：要不要准备活动备案？如果流量拥挤，用户无法参加怎么办？如果快递积压过多应该怎么处理？小秦还会花费功夫做商品快递盒的包装，在上面添加创意，盒内有送给用户的感谢信。这些不会增加多少成本，但小秦的目的是增加用户晒开箱照的可能性。

整个活动流程，小秦都是从用户的视角出发，所有的技巧和套路，用户会如何使用优惠券，怎么利用和规避其中的嗨点和怒点等，都是用户、营销和心理的组合拳。

小路首先根据过往营销活动的数据核算 ROI，并且提取用户。何种用户是VIP，何种用户是优质用户，何种用户是普通用户。小路根据满意度 – 忠诚度划分出四个象限，不同的用户类型采用不同的策略。小路的方案是很典型的企业经营的思维。

延伸阅读

稻盛和夫：一切成功都归结于"利他之心"

与松下幸之助、本田宗一郎、盛田昭夫一起，被称为日本四大经营之圣的稻盛和夫，创立过两家世界 500 强企业——1959 年创办的京都陶瓷株式会社、1984 年创办的第二电电株式会社。

如今，已经年近九旬的稻盛和夫，在追忆自己超过半个世纪的经营者生涯时表示，一切成功都归结于利他之心。

在稻盛和夫看来，人生的目的，首先就是磨炼心性，换句话说，人生最重要的目的就是磨炼灵魂。"利他"即有利于他人，就是先人后己，把"为自己"放后面，优先"为他人"。

从少年时代便连续遭遇挫折和不顺的稻盛和夫，两次没考上初中、患肺结核卧病在床、考大学失利，之后初入职场更是不如意。直到他因家境不好，被妈妈"逼迫"帮扶家计，销售纸袋，却意外获得了成功。

在总结这些经历的时候，稻盛和夫写道：其他的事情，几乎全都是为了自救，满足自己的欲望、自我保护，或者是希望获得别人的好评。与此相反，只有纸袋行商出于帮扶家计、守护家人的目的，是从"关爱他人"出发的行为。就是说，其中蕴含着"善意的动机"。

从"利己"转变为"利他"，把"作为人，何为正确"当成了经营判断的唯一，让稻盛和夫的生活和经营得到了重生。在他看来，做企业同样如此，以获得财富、博取名声为目的而开创事业的人，即使企业获得一时的成功，也终究无法长期发展壮大。

资料来源：创业邦《一手创立 2 家世界 500 强，稻盛和夫：一切成功都归结于"利他之心"》。

8.2.3　行为一致体相通

案例分析

星巴克：出售体验文化

有人把公司分为三类：一类公司出售的是文化，二类公司出售的是服务，三类公司出售的是质量。星巴克公司出售的不仅仅是优质的咖啡、完美服务，更重要的是顾客对咖啡的体验文化。

在星巴克看来，人们的滞留空间分为家庭、办公室和除此以外的其他场所。麦当劳努力营造家的气氛，力求与人们的第一滞留空间——家庭保持尽量持久的"暧昧"关系；而作为一家咖啡店，星巴克致力于抢占人们的第三滞留空间，把赚钱的目光紧紧盯住人们的滞留空间。现场精湛的钢琴演奏、欧美的经典音乐背景、精美的欧式饰品等配套设施，力求给消费者营造高贵、时尚、浪漫、文化的感觉氛围。让喝咖啡变成一种生活体验，让喝咖啡的人感觉到，自己在享受咖啡的同时，还能体验时尚与文化。

如果三四个人一起去喝咖啡，星巴克就会为这几个人专门配备一名咖啡师。顾客一旦对咖啡豆的选择、冲泡、烘焙等有任何问题，咖啡师会耐心细致地向他讲解，使顾客在找到最适合自己口味的咖啡的同时，体味到星巴克所宣扬的咖啡文化。这样的文化给其较高的价格一个存在的充分理由，不但顾客可以获得心理上的莫大满足，而且星巴克还可以获取高额的利润。

星巴克一个主要的竞争战略就是在咖啡店中同客户进行交流，特别重要的是咖啡师同客户之间的沟通。每一个咖啡师都要接受不少于24 小时的岗前培训，包括客户服务、基本销售技巧、咖啡基本知识、咖啡的制作技巧等。咖啡师必须能够预感客户的需求，在耐心解释咖啡的不同口感、香味的时候，大胆地进行眼神接触。

星巴克公司以心对待员工，员工以心对待客人，客人在星巴克享受的不仅是咖啡，而是一种全情参与活动的体验文化。一杯只需价值3 美分的咖啡为什么在星巴克会卖到 3 美元？星巴克为什么既能为顾客带来期望的价值，又能让企业获得更可观的利润？一个重要的原因就是，星巴克始终坚持"尊重员工，从顾客出发，与员工及客户多赢"的经营理念。

尽管雀巢、麦斯威尔等国际咖啡公司都在我国设厂开店，但他们的速溶咖啡并没有尝到太多的"甜头"，甚至为星巴克的煮咖啡当"开路先锋"。而星巴克把咖啡的消费贴上了文化的标签，利润倍增，获取了高额的投资回报率。

资料来源：HR 案例网 http://www. hrsee. com/？id=276，摘录有删减。

课堂提问

你是否曾经在星巴克喝过咖啡，给你的体验是什么？

这些体验文化是通过哪些具体的行为体现出来的？

案例启示

星巴克的体验文化是他们的市场战略的一部分，更是他们企业经营理念的延伸。从咖啡厅的装修设计，到咖啡师的言行举止，都传递出这样的企业文化，从而将星巴克打造成"第三空间"，让人们驻足停留。

 知识探究

团队文化最终不是靠贴在墙上的口号来实现的，而是通过员工的行为和企业的产品来体现的。真正的团队文化的形成是从理念到实践的过程。所以团队文化构成要素中，最后一个要素是共通的行为方式。团队行为文化是指员工在生产经营及学习娱乐活动中产生的活动文化，指企业经营、教育宣传、人际关系活动、文娱体育活动中产生的文化现象，包括团队行为的规范、团队人际关系的规范和公共关系的规范。团队行为包括团队与团队之间、团队与顾客之间、团队与政府之间、团队与社会之间的行为。这种共通的行为方式包括：

1. 流程和规范

这种工作中的流程和规范，为员工的日常工作行为制定了一个参考标准。在重视文化建设的企业中，对于员工从外部着装，到语言行为都会进行一定的规范，从而提高公司的识别度，让外界对于企业所追求的价值有着更感性的认识和体会。

2. 礼仪和仪式

一些特殊的礼仪和仪式会凸显团队文化与众不同的调性，让无论是顾客还是员工都能产生亲切感和归属感。例如，有客户到一家互联网公司去调研，问员工印象最深刻的事情是什么，很多员工回答，是第一次到公司上班，公司竟然会给每一位新员工买一个星巴克的马克杯，这完全超乎他们的想象，就是这样一个杯子，让他们一下子就喜欢上这家公司并愿意努力地在公司工作。一个小小的杯子就有这样的凝聚力，只要稍微用心，在工作中增加一些仪式感，很容易形成公司的一种文化。例如，小米公司每年都会举办一次米粉节，作为小米最重要的活动，米粉节既是小米的生日，更是小米回馈米粉的日子。雷军会邀请大家带着家人、朋友一起来逛他们的小米电商、小米之家，分享小米优秀的产品，让每个人都能享受科技的乐趣。这就是对于顾客的一种仪式感。

企业员工行为中的一举一动，无不折射着团队文化。我们可以看到，从华为、百度、腾讯公司走出来的员工，他们身上有着截然不同的行为方式，他们的语言，他们的举止，甚至让别人一眼就可以看出来。这里特别要强调的是这种行为的一致性，从上到下，从里到外都要一致。如果要求员工穿统一制服，但是老板不穿；要求员工待人和气，但是老板对待员工脾气非常暴躁，这样的文化是无法扎根生长的。如果团队文化是"分享爱，传播美"，但是员工的办公环境乱七八糟，穿着随意邋遢，那这样所谓的文化也只能成为一句挂在墙上的空洞的"口号"而已。

团队文化构成的三要素之间，彼此既是互相关联，也有一个组合的前后逻辑。即共通的价值观影响了共通思维方式的形成，共通的思维方式影响了共通行动方式的形成。例如，百年老店同仁堂从建立之初到如今，他们的核心价值观始终未变：养生济世。其共通的思维方式是：修合无人见，存心有天知，即养生济世的过程中，无论是开方、抓药、煎熬，都要始终对得起患者、对得起天地良心。所以他们共通的行动方式至今仍以对联的形式悬挂在同仁堂的大门口，即：炮制虽繁，必不敢省人工；品味虽贵，必不敢减物力。

 |讨论与思考|

尝试以小组为单位，去发掘不同企业的团队文化和创始人之间的关系，并展开讨论。

📥 ┃**延伸阅读**┃

企业文化的 4 种类型

企业文化的 4 种类型，是美国管理学家迪尔和肯尼迪在《企业文化——现代企业的精神支柱》一书中提出的，关于企业文化类型特征的一种学说。

该学说认为，企业文化的类型取决于市场的两种因素：其一是企业经营活动的风险程度；其二是企业及其雇员工作绩效的反馈速度。由此来看，企业文化有 4 种类型：

1）强人文化。 形成于高风险、快反馈的企业。如影视、出版企业，拍一部电影或出一套世界性丛书，要冒耗资数千万美元的风险，是否卖座或畅销在一年内就一目了然。强人文化对人的要求是：必须坚强、乐观、保持强烈的进取心，树立"寻找山峰并征服它"的牢固信念。

2）"拼命干，尽情玩"文化。 形成于风险极小、反馈极快的企业，如房地产经纪公司，生产与销售的好坏很快就能知道，但真正的风险并不大。"干玩文化"对人的要求是：干的时候拼命干，玩的时候尽情玩，对人友好，善于交际，树立"发现需要并满足它"的牢固信念。

3）攻坚文化。 形成于风险大、反馈慢的企业。如航空航天企业，一个项目就得投资几千万甚至几亿美元，却需要几年的时间去研究和试验，才能判断是否可行。攻坚文化对人的要求是：仔细权衡，深思熟虑，一旦下了决心就不要轻易改变初衷，即使在得不到任何信息反馈的情况下也要有远大志向，要有韧性。

4）过程文化。 形成于风险小、反馈慢的企业。如银行之类企业，所进行的任何一笔交易都不太可能使公司破产，但这些企业的员工也往往得不到任何反馈。过程文化对人的要求是：遵纪守时，谨慎周到。

以上 4 种文化类型的划分是理论上进行规范的结果，实际上一个企业的文化往往是 4 种类型的混合：市场部门是强人文化，销售与生产部门是干玩文化，研究与发展部门是攻坚文化，会计部门则是过程文化。一个强文化企业，往往善于将这 4 种文化类型中的最优因素艺术地融为一体。

资料来源：《资本主义大辞典》，作者罗肇鸿、王怀宁。

✍ ┃**本节小结**┃

团队文化在短时期内带来的效果可能不如提升销售业绩那样迅猛，但是它对于企业会有持续的长久价值。就像一棵大树，在埋下种子的时候，我们不一定能感受到种子的价值，但如果对它细心呵护，它一定会有一天成长为参天大树。

在本节中，我们介绍了团队文化构成的核心要素：共通的价值观、共通的思维方式、共通的行动方式。共通的价值观是企业航行的指南针，也可以说是灯塔，是企业乘风破浪的意义所在，这个要素直指人们的内心，是心的共鸣与相通。共通的思维方式是人们思考问题的方向和角度，这个要素直指人们的大脑，是思维角度的共通。共通的行动方式，体现在人们在企业日常经营活动中的每一个动作，产品的每一个细节中，这个要素是人们身体的相通。

当一个企业中从上到下的每个人都能完成这三个要素的相通，能达到从外部环境到内心世界的协调一致，则优秀的团队文化已然逐渐形成。

8.3　塑造团队文化三步法

对于团队文化的理解，我们要避免踏入一些误区。例如，认为企业刚起步，规模很小，就不需要建立公司的文化体系。文化就像院子里的草，无论我们理睬它或者忽视它，它都会自动生长。如果去打理它、修剪它，它就会长成我们所希望的样子。但是如果不去管理、随着它自身的成长，院子就会野草丛生。

无论公司的规模是大还是小，一定都会有文化存在。作为管理者，都应该花时间去关注、去培养文化。一个公司即使战略制定得再完美，如果公司文化出现问题，公司的战略推进可能也会遇到困难。所以，及早开始关注团队文化，是每个 CEO 的职责所在。初创阶段，从团队文化的三要素着手，有针对性地进行"三步走"培养：经营理念的认可、确定思维方式、行为习惯的养成。

8.3.1　经营理念的认可

圣玳服饰有限公司于 2007 年成立，自创立之初，就致力于"打造一个世界顶级时装王国"。现企业旗下拥有三大原创男装品牌：BG2、圣玳、布谷。虽然时装行业的市场环境逐渐趋于紧缩的状态，不过却在圣玳服饰的理念经营之路上，让人们看到与众不同的色彩。圣玳服饰的销售额每年以 30% 左右的速度在递增，2018 年更是在上半年就完成了全年的销售目标。

圣玳的经营基本理念是"百善孝为先"，很多企业家最初都无法理解"孝"与企业经营之间的关系，但圣玳认为人要心怀孝道，这个孝不仅提倡小家的爱，更在提倡企业的爱、社会的爱。

在事业展开的过程中，即使人才有很强的行动力和知识，但是与公司的战略方向和文化不符合的，宁可延缓事业展开的时机，也决不采用。在分享推进经营理念的共通化，建立经营管理体制，将经营理念落实于员工的每一天的活动中时，圣玳采取了一系列的实际行动。

例如，为了实现企业"打造世界级的服装王国"的愿景，每周二、周四组织全体员工参加英语培训，为打造公司的国际化而努力。为了打造企业生态链平衡，企业从产品研发的阶段就请供应商加入，关注供应商的利益，对供应商提出严格要求的同时，给予经营指导，与供应商一起建立灵活快速反应的供应链体系。

课堂提问

圣玳的文化是如何从理念落实到行动的？

你如何评价圣玳的经营理念"百善孝为先"？

案例启示

在过去，圣玳认为"有了理念能够让企业经营变得更好"。但通过理念的转化和渗透，发现"有了理念，能够让人才变得更好，从而推动企业经营得更好"。在案例中，公司将理念拆解到员工的日常活动中，落实到与供应商的合作方式中。

知识探究

张瑞敏曾说过："海尔的成功是观念和思维方式的成功。"海尔的扩张主要是一种文化的扩张——收购一个企业，派去一个总经理、一个会计师、一套海尔的文化。纵观世界成功的企业，如美国 IBM、日本丰田汽车等，其长盛不衰的原因主要有三个，即优质的产品、精明的服务和深厚的文化底蕴，而且优质的产品、精明的服务往往产生于深厚的文化底蕴。这种深厚的文化底蕴不是一朝一夕可以生成的，更不是像野草一样不培育、不精心耕种就自觉自发产生的。它需要企业的负责人有意识地去推动和营造。

首先是经营理念的认可。虽然说初创团队刚开始组建，很多时候企业家文化就表现为企业文化。但经营理念的提出和确认是需要全员认可的，否则自上而下的强制执行是无法真正落地的。可以分为四步走：

1) **充分讨论形成共识。**初创企业人员数量不多，可以考虑全员参与。如果人数超过 10 个人，则核心层参与讨论。在头脑风暴过程中，每个人写出心目中 5 ~ 6 个公司具备的核心经营理念，然后合并同类项，找出重复度最高的 3 个。围绕这 3 个展开充分讨论，哪个更能引起员工内心的共鸣，因为经营理念是心的相通。

2）通过交流、培训、探讨达到共通。在头脑风暴中确定了初稿之后，再与所有员工进行交流和探讨，不断完善和丰富核心理念的内涵。而在这个交流过程中，也是文化基因在每个员工心中扎根的过程。例如，圣玳确认了他们"百善孝为先"的经营理念，他们进一步丰富了这个"孝"的内涵，即"小孝是陪伴（供养），中孝是传承，大孝是超越祖先"，真正将"孝"的理念融入员工的生活和工作之中。

3）每半年做一次愿景练习。企业经营理念也有一个不断丰富和完善的过程，特别是初创企业。所以每半年企业的核心层要做一次愿景练习，通过这个练习来重新审视自己对企业经营理念的理解，也审视团队核心成员之间的思想是否仍旧共通。愿景练习小卡片见表8-2。

表8-2 愿景练习小卡片

我希望在一家怎样的企业中工作？
我希望这家企业给这个世界带来什么？
如果有一天这家企业不在了，谁会怀念它？
我希望从工作中得到什么？
如果有一天我离开这个企业，会是因为什么原因？

从团体到个体，通过这样的问题，来不断地探索和纠偏，同时让企业理念能够更加深刻。

4）通过各种方式和途径去强化。通过视觉上的、听觉上的等各种途径，来使企业的核心理念深入人心。例如，各种线上线下的宣传途径，各种主题活动，在企业内部资料中的频繁引用等。对于企业的核心理念企业的领导者要经常说，企业的员工要常常自我提醒，以达到人人知晓，人人认可的程度。

 |讨论与思考|

课堂讨论：

杰克·韦尔奇说："一旦你产生了一个简单的坚定的想法，只要你不停地重复它，终会使之变成现实。提炼、坚持、重复——这就是你成功的法宝。持之以恒最终会达到临界值。"研究一个你喜欢的企业，通过查找资料，看这家企业是如何塑造他们的团队文化的。

延伸阅读

几家企业的管理哲学

1. 联想集团的管理哲学

联想集团的创始人柳传志秉持"妥协"哲学。他认为,大环境不好,就求助于小环境;小环境不好,就试图改造小环境,改变不了,宁可不做也不当改革的牺牲品。他采取了战略妥协策略,实行了亲情文化,并将联想分拆并获得了成功。柳传志的企业分拆、环境妥协等管理实践也体现了儒家思想"以人为本"的文化核心,注重人的因素,突出人的地位,强调人与人之间的和谐与情感的联系。

2. 海尔文化折射的管理哲学

海尔文化包括以产品、质量、服务等为代表的物质文化;以企业组织结构、管理方式为代表的制度文化;以价值观为核心的精神文化。海尔制度体系的建立和实施体现了孔子"修身、齐家、治国平天下"的哲学理念。

海尔的"零缺陷服务""真诚到永远"文化很好地赢得了客户的信赖。海尔以职工的名字命名人力资源开发、奖惩制度、自主管理方式、新发明等,加强了沟通,增进了管理者与员工的信任,体现了兵家的管理思想。同时,海尔文化的"产业报国"思想体现了儒家的"君子喻于义,小人喻于利"的基本理念。

3. 沃尔玛文化折射的管理哲学理念

沃尔玛文化具有西方现代企业管理的典型特点。它的核心内容是:尊重个人(尊重每位员工提出的意见。经理们被看作"公仆领导",通过培训、表扬及建设性的反馈意见帮助新的员工认识、发掘自己的潜能);服务顾客("顾客就是老板"。"三米微笑原则"指员工要问候所见到的每一位顾客。"保证满意"的退换政策使顾客能在沃尔玛开心和放心购物),这里面体现了儒家的"仁爱"思想和兵家的"攻心"等管理哲学,也是当代管理哲学的核心内容;追求卓越(每天营业前,员工高呼沃尔玛口号,查看前一天的销售,讨论当天的目标。"日落原则"要求树立危机意识,对当天提出的问题必须当天答复,所有的员工共同分享和分担使顾客满意的承诺);天天平价(通过降低商品价格推动销售,获得比高价销售更高的利润),这体现了儒家思想和兵家的管理理念,也是当今企业市场竞争的基本手段。

资料来源:《企业文化与管理哲学的关系》。

8.3.2　确定思维方式

案例分析

腾讯创新力：从用户体验到用户洞察

从 QQ 到微信，腾讯的创新能力一直在进阶，如果可以归纳它，那么，对用户体验的重视是第一步；第二步是对痛点的觉察；第三步则是对用户的洞察。伴随着微信的成功，腾讯逐渐从模仿者变成了创新者，腾讯的创新力源于对用户的理解和洞察。

从 1 到 1 万

至 2016 年 7 月 31 日，腾讯获得的专利数已经上升到 1.1 万。在这 1 万多件专利里，隐藏着腾讯创新的秘密。而从 1 到 1 万，记录了腾讯走过的路。

1998 年，当马化腾和张志东准备做 QQ（当时叫 OICQ）时，中国已经有至少 3 个模仿 QICQ 的同类即时通信产品在运行。第一次开技术讨论会，马化腾提了一个问题："我们的用户在哪里上网？"

回过头看，这是一个关键的问题。与美国不同，计算机在当时的中国尚未普及。我国最早的互联网用户主要在网吧上网，而且在电话拨号上网的时代，网速极慢。速度、安全和便利使用，是用户最关心的问题。对用户的重视帮助 QQ 走出了创新的第一步，也奠定了腾讯产品开发的一个基本思路——从用户痛点出发寻找解决方案。这样做的结果是，腾讯迅速赢得了用户的口碑。

腾讯的创新路径

超级产品体验官马化腾在 QQ 邮箱的开发过程中，曾与开发团队通过几百封邮件，他亲自体验产品的各个版本，并提出改进意见和建议。这在腾讯内部称之为微创新。腾讯的这种创新理念代表了一种更为朴素的创新路径：研究用户体验、分析用户真正的需求，不断改进产品。

要想带给用户不一样的创新体验，马化腾还有一条建议：跨界。"在两个领域里面怎么细分都是红海，但两个领域之间是蓝海。最初的时候往往可能是懂这个的人不懂那个，懂那个的人又不懂这个。如果你两个都懂一些，就有很大的优势了。"

从用户体验到用户洞察

从痛点出发是洞察用户需求的一条捷径。而对用户的洞察往往不是来自于刻板的市场调研，它更多地来自于类似马化腾当年的"神来一问"："用户在哪里上网？"这种洞察不仅与用户隐藏的基础需求有关，很多时候也基于对文化的理解与运用。腾讯曾花很长的时间试图让用户为数字音乐付费都不成功，后来，QQ音乐团队开始想一个问题，在什么情境下网民愿意付费购买正版音乐？人们不习惯买正版音乐，但却可能愿意在自己的QQ空间用音乐来"款待"客人。

资料来源：《清华管理评论》作者王晓冰（腾讯互联网和社会研究中心总监），有部分删减。

课堂提问

在腾讯的案例中，你觉察出这个企业共同的思考方式都有哪些？

案例启示

从用户体验到用户洞察，腾讯在马化腾的带领下，走出了一条属于自己的创新道路。一点点地根据用户体验来更改产品，帮用户解决问题，从顾客的视角来思考已然变成腾讯人深入骨髓的思维方式。

知识探究

在一个企业中，共同的思维方式是我们在思考问题的视角和维度。是基于市场数据还是基于用户体验，是个人英雄还是集体智慧，是技术为王还是用户至上，这些思考方式一旦形成惯性，就会形成羊群效应，让团体中的每个人都不自觉地去遵守执行，甚至刚进入团队的新人也会迅速形成这样的思考方式。

思维方式的培养有两种途径：

1. 告知决策依据。作为执行工作任务的员工，很多时候并不知道工作任务背后的意义，以及决策的依据是什么。而这个决策依据往往就是人们的思考方式。是因为这个产品的用户体验不好，所以对硬件部分重新进行了设计；还是因为产品的原材料成本有点高，所以重新对硬件部分进行设计。将这些决策依据告知所有员工。在大大小小的决策中，在内部员工通告中，不仅告知员工决策结果，也告知员工决策依据，这样员工逐渐就能以决策者的思维方式去看待工作中出现的问题，就可以很快做出正确反馈。在实际工作中，很多领导者喜欢直接告知员工结果，并不喜欢告知决策过程，这就丧失了培养共通思维方式的宝贵机会。

2. 指挥棒引导。在对员工的考核和评估时，将企业的思维方式融入其中。也可以在平日工作中设置一些小的奖励措施，鼓励大家能够从这个维度和视角去思考和推进工作。例如，每当员工搜集到一个有价值的用户建议，可以进行一定的奖金奖励；在公司有员工改进了公司一个业务流程，从而大大降低了公司成本时，领导者奖励这个员工一个"专属车位"等。杰克·韦尔奇曾是通用公司"新生力量小组"负责人。在其办公室有一部特殊的私人电话。如果采购人员从某个销售商那里得到价格上的让步，会电话通知韦尔奇。此时，无论他在做一笔数百万的生意，还是在与秘书闲聊，都会放下手中的事，拿起电话说："真是个好消息"，然后会马上做下来给这个采购人员写一封祝贺信。通过这些指挥棒的引导，员工非常清楚公司领导层看重的是什么，企业需要的是什么。

一个团队的思考方式如果进行了确定，那就会大大减少分歧和纷争。

例如，一个企业如果将员工看为成本，那企业现金流产生压力的时候，就会通过裁员的形式来缓解企业压力。如果一个企业将员工视为合伙人，那么就会将人才储备和培养视为根本，会给员工提供更多的成长机遇和平台。这就是思维方式不同所带来的巨大变化。在企业的运行过程中，思维方式是脑相通，通过思维方式的确定，让企业上下都能迅速达到思维方向的一致性，减少企业内耗，提升企业的运行效率。

 讨论与思考

寻找一家你喜欢的企业，通过查阅资料，找到该企业共通的思考方式，并向大家阐释他们是如何在企业中产生作用的。

延伸阅读

大数据和人工智能如何改变了企业文化

1. 改变路径，必须使用社交媒体的方式

在未来几年中，随着个性化内容的实时使用增加，人工智能可以通过有效的针对性方法，使企业从中获取一定的信息。营销商还使用大数据来了解潜在用户的情况，从而制订未来的广告计划。

营销商可以利用大数据来判断未来的购买模式。他们可以通过分析用户选择、产品故障等来提供新产品的正确业务见解。

2. 加强防欺诈功能

随着技术的发展，欺诈的数量也增加了。随着欺诈者改进其策略，企业正遭受巨大损失。企业正在利用自然语言处理、视频识别、机器学习自动化和语音识别等来改善检测过程。

3. 用户喜欢的产品

用户服务不应成为任何组织的唯一亮点。他们应该研究可能受到用户赞赏的产品，这可以通过收集和分析指导构建正确产品的数据来实现。

4. 提供有效的客户支持

随着聊天机器人在线提供 24 小时全天候客户支持方面的全部功能，企业已经开始利用他们在 CRM 系统中收集的数据，从而使他们能够获取相关的客户见解。数据还有助于优化不同的接触点，包括从与聊天机器人的整个交互过程中收集的丰富客户数据。

资料来源：卓商网络：大数据和人工智能如何改变了企业文化？

8.3.3　行为习惯的养成

亚朵酒店的服务节点

亚朵酒店的品牌定位为中高端酒店。我国酒店大部分集中在经济连锁酒店等低端品牌或者五星级酒店等高端品牌的范畴，中端市场存在一定的空白。亚朵如何在中高端市场建立自己的品牌？

亚朵酒店在设计服务蓝图时，将客人从第一次入住亚朵，到他再次入住亚朵的整个过程划分为亚朵服务的 12 个节点。

第 1 个节点，预定。

第 2 个节点，走进大堂的第一面。

第 3 个节点，到房间的第一眼。

第 4 个节点，向酒店提供服务咨询的第一刻。

第 5 个节点，吃早餐的那一刻。

第 6 个节点，在酒店等人或者等车，需要有个地方待一会儿的那一刻。

第 7 个节点，中午或者晚上想吃夜宵的那一刻。

第 8 个节点，离店的那一刻。

第 9 个节点，离店之后，点评的那一刻。

第 10 个节点，第二次想起亚朵的那一刻。

第 11 个节点，向朋友推广和介绍亚朵那一刻。

第 12 个节点，第二次预订的那一刻。

亚朵的这 12 个节点都不一样，资源配置与角色工作，都是基于这 12 个节点。在亚朵入住的时候，有 3 项服务是为了加强第 2 个节点的体验强度。如"百分百奉茶"，即到了亚朵，先给顾客奉上一杯茶；

三分钟办理入住；"免费升舱"，给用户惊喜。

亚朵给每个节点提供的服务都起了个文绉绉的名字，例如退房的时候，服务人员会给顾客提供一瓶矿泉水，如果是冬天就会给顾客提供一瓶温热的矿泉水，这瓶水叫作"别友甘泉"。

课堂提问

亚朵酒店如何通过这 12 个节点建立自己的品牌？

案例启示

亚朵通过"与其更好，不如不同"的策略，占领了酒店的中高端市场。酒店设计 12 个节点，实际上就是通过这些关键接触点，为顾客提供更加细致入微的服务，让顾客感到非常温暖。每个接触点都进行了科学的再设计，并对员工行为标准进行了训练和规范，从而逐渐形成了企业品牌。

知识探究

共通的行为方式，是在共通的经营理念和思维方式的指导下产生的，可以说，团队文化最终是通过员工的行为和企业的产品、服务得到显化。行为习惯的最终养成，是文化固化的一种表现。那么对于员工的行为习惯的养成有哪些好的方式方法呢？

1) 编制员工日常行为指南手册。把企业的经营理念分解成对员工日常行为的具体要求。在此基础上，企业通过学习、培训、实践、传播等活动对员工的行为规范予以强化。很多企业的日常行为指南已经非常具体和细化。例如，在海底捞的内部员工守则上，将每个岗位的行为职责非常具体地规定了出来。

发毛巾人员的岗位职责：

保证热毛巾用量、质量；

顾客到桌后两分钟内递上热毛巾；

每桌换毛巾次数不低于 4 次（顾客无特殊要求不得高于 6 次）；

满足顾客合理的要求；

夏天准备好冰手巾的供应。

对于老人的细节服务：

给老人送蒸蛋；

给老人拿坐垫；

介绍豆腐、南瓜等一些口感较软的菜品；

协助老人捞菜；

给老人拿老花镜；

搀扶和帮助老人。

协助老人捞菜；

给老人拿老花镜；

搀扶和帮助老人。

在如此细致的规定下，员工的行为会更好地体现企业文化。当然这是对于餐饮类的企业。对于员工密集型的制造型企业，可能更多的是在作业过程中的一些操作规范，而对于互联网类型的企业，更多的可能是如何和客户沟通，产品交付给客户的一些细节上的规范。

2）塑造英雄人物。通过树立典型人物，宣传典型案例，进行行为分析，并着重揭示由理念到行为的转化历程。英雄人物往往是企业中的开路先锋，这样人物的塑造不仅使成功有可能性，也有人情味，为其他员工提供了可借鉴的榜样，对外作为公司的象征，也能更大程度地激发员工积极性。例如，在大炼钢铁时代，铁人王进喜成了无数人学习和效仿的榜样。很多企业在年终的时候都会评选一些优秀员工，五星级员工等，都是塑造英雄人物的方式和途径。

3）礼仪与仪式。通过一些工作仪式、管理仪式、奖赏仪式、庆典等活动媒介，让人们对于一些行为产生尊重感和敬重感，从而能够更好地约束自己的行为。同时在仪式活动中，一些非正式的交流，可以让上下级之间、员工之间乃至员工与家属之间都有彼此增进了解的机会，让团队文化在潜移默化中传播。团队文化中的"老英雄"们十分注重工作生活中各种仪式之间的协调配合，无论是录用与解聘，还是提供报酬、会议形式、书写规范、谈话方式，甚至主持一个退休晚餐的风格，他们知道仪式的重要性。这些仪式让文化以一种富有凝聚力的方式显现出来。如果缺乏富有表现力的事件，企业文化会消亡。没有了仪式与庆典，那些重要的价值观就难以对人们产生影响。

4）开展专题行为模拟训练。如交往行为训练、合作行为训练、参与决策行为训练等。对每项训练设计好行为情景、行为模式、行为技能和技巧；对参与训练的成员分配角色，明确角色规范，对员工的练习行为要给予及时评价。在模拟训练中，帮助员工形成下意识的行为动作，让公司的文化可以深入血液般体现在员工的行为表现上。

 | 讨论与思考 |

寻找一家你喜欢的企业，通过查阅资料，找出该企业的员工手册，以及企业是通过哪些途径来养成行为习惯的。

延伸阅读

企业文化传播的方式

企业文化的传播是通过不同的工具和途径，将已设计出来的企业理念、核心价值观等有针对性地、有计划地呈现出来，并为企业内部和外部所认知、认同。企业文化只有通过有效地传播，才能真正对企业的发展起到促进作用，企业的理念和价值观才能真正融入企业的安全生产和经营管理中去。

1. 认真搞好企业文化传播的统筹规划工作

企业文化传播活动不能仅仅局限于对上级会议精神的传达，或者仅限于一两次文化传播动员活动，而要搞好企业文化传播的整体规划设计，做到设计科学、合理、有效。应当在加强企业文化建设的同时，建立健全企业文化传播的长效机制，保证企业文化传播工作的科学性和实效性。

2. 突出企业文化传播的时效性

滞后的、过期的或失效的文化传播活动都是不符合企业文化建设要求的。要建立和完善企业文化信息传递制度，将已经形成的企业文化、企业基本价值观、可持续发展战略、重大举措，通过企业网站、内刊，或者宣传橱窗、板报等第一时间传达给广大干部职工，及时让员工了解，取得员工的支持。

3. 突出企业内部信息交流平台建设

要通过各基层单位的信息平台和其他交流工具，加快企业文化信息流通速度，收集来自基层单位和员工反馈的信息，迅速做出反应，降低信息流通成本，消除信息不畅导致的各种猜测和疑惑，促进企业内部良好氛围的形成。

4. 搭建文化传播载体

在企业文化传播过程中，通过有形的载体和方式传播企业文化，做到外化于"形"，是传播企业文化，实现内化于心、外化于行的必不可少的途径。文化活动是有效的传播载体之一，是营造企业文化氛围的有效方式。

5. 加强对员工的教育培训

可以通过开展员工素质提升工程，大力营造企业文化氛围，一方面通过培训向员工灌输企业的文化理念；另一方面，通过员工向客户和社会传播企业文化。要采取有针对性的培训，不断提高员工对企业文化的认知度，要让每一位员工都明白企业文化是什么、为什么要构建企业文化、个人与企业文化的关系等问题。

资料来源：《浅谈企业文化传播的有效方法和途径》，作者姜杉。

本节小结

　　企业的文化建设，就是构筑企业百年基业长城。团队文化建设分为三步走：经营理念的认可、确定思维方式、行为习惯的养成。经营理念的认可是第一步，也是最核心的一步，为思维方式的确定和行为习惯的养成奠定思想基础。确定思考方式是纽带，连接起心和身体。团队文化建设的实质是以经营理念的认可为核心，内化于心、固化于制、外化于行的过程。

【团队组建与管理计划书】

　　请完成附录 B：《团队组建与管理计划书》中的第五部分——我的团队文化建设方案。

附　　录

姓名：

一、构建属于我的创业型领导力

1. 我的卓越性

家人眼中我的卓越性品质有：

_____

_____

朋友眼中我的卓越性品质有：

_____

_____

我眼中自己的卓越性品质有：

_____

_____

用三个词凝练出自己的卓越性品质：

_____

_____

若要继续保持我的卓越性，我需要持续做以下几件事情：

_____

_____

2. 我的创业型领导力提升目标

我希望在以下几个方面提升自己：

_____

_____

为了实现这些目标，我需要持续做以下几件事情：

_____

_____

我希望在自己本学年结束时达到的程度：

_____

_____

我希望自己在毕业前达到的程度：

_____

_____

3. 我的卓越版图

我的热情是：

_____

_____

我的愿景是：

_____

_____

我的使命是：

_____

_____

我的雄心是：

_____

_____

我的角色是：

_____

_____

二、提升我的创业者自我认知

1. 我的创业者素质模型

理念：

_____

_____

意识：

_____

_____

能力：

_____

_____

知识：

_____

_____

经验：

_____

_____

我需要重点提升的要素是：

_____

_____

2. 我的性格特质

我的性格特质是：

_____

_____

我的性格特质的特征是：

_____

_____

更利于我发扬自己性格特质的岗位属性：

_____

_____

不利于我发挥自己性格特质的岗位属性：

_____

_____

与同事相处的时候我需要注意的事项：

_____

_____

三、提升我的创业者沟通力

1. 我的沟通方式

我的沟通方式长项是（肢体语言、书面语言或有声语言）：

_____

_____

我需要改进的身体姿势是：

_____

_____

我可以通过以下方式提升我的书面语言表达能力：

_____

_____

我为自己的有声语言沟通打分（满分 100 分）：

_____

_____

我认为自己在沟通的倾听或表达方面有待大幅提高的是：

_____

2. **提升我的倾听能力**
   分别找自己的好朋友、家人、同学，做一次 3F 原则倾听练习，并将过程简单记录下来。
   (1) 好朋友
   事实：

   _____

   感受：

   _____

   _____

   意图：

   _____

   (2) 家人
   事实：

   _____

   感受：

   _____

   _____

   意图：

   _____

   (3) 同学
   事实：

   _____

   _____

   感受：

   _____

意图:

_____

_____

我希望自己在倾听方面继续做以下尝试和努力:

_____

_____

3. 提升我的表达能力

找一位自己想要帮助的朋友,运用 GROW 工具与他进行一次一对一的谈话,并将说话内容简要记录在下面:

_____

_____

通过这次谈话,我觉得是否帮助到朋友:

_____

_____

让朋友为我这次的谈话打分(满分100分):

_____

_____

如果下次再运用这个工具,我给自己的建议是:

_____

_____

四、我的未来

为自己设计一个杂志封面。十五年后,我将出现在一本杂志的封面上。封面标题是什么?我会是什么样子?

五、我的宣言

_____

_____

_____

_____

_____

_____

_____

_____

附录 B　团队组建与管理计划书

团队负责人姓名：_____

团队成员姓名：_____

填写说明：此份计划书用于创业者进行团队组建与管理使用。在学习过程中，以项目为依托，以小组为单位，开展实践学习。

一、建立我的事业蓝图

1. 顾客特性分析

顾客对象：生活人顾客（　　　）企业顾客（　　　）

生活人/企业顾客层界定

属性要素	形象化	量化
性别		
职业		
年龄		
性格		
身份		
生活习惯		
收入		
……		

顾客需求及其特点界定

顾客需求	特点	备注
经济性		
品质性		
便利性		
情绪性		

2. 业态特性分析

业态要素	开发	设计	采购	生产	物流	销售		
						百货店	街铺	网店
事业 1								
事业 2								
……								

3. 商品力特性

商品力层次	商品力特性
表层商品力	
中层商品力	
核心层商品力	

4. 事业达到 P5（青年）阶段时的状态

机能	内容
MD（商品开发机能）	
MK（市场开发机能）	
MG（经营管理机能）	

二、我的团队组建方案

　　1. 我的团队组建模式：

　　　　领导者推动模式（　　　）

　　　　群众型创业团队模式（　　　）

　　2. 板凳模型建团队

共同的创业理念	
互补的专项能力 1	
互补的专项能力 2	
互补的专项能力 3	
互补的专项能力 4	
……	

　　3. 我们的组织分工图

三、我的团队招聘方案

　　1. 招聘途径

2. 岗位说明书

XXX 岗位说明书

名 目	具体内容
职位基本信息	
职位概要	
工作内容	
任职资格	
其他	

（岗位说明书不够可另附页）

3. 招聘方式

招聘方式	考核要点
教练式谈话	
工作样本测试	
认知能力测试	
结构化行为面谈	
……	

（以上几种招聘方式可单选或多选，按照实际招聘需求确定）

4. 吸引人才方案

长期激励措施	
短期激励措施	

四、我的股权设置方案

_____

_____

_____

_____

五、我的团队文化建设方案

经营理念的认可	
确定思维方式	
行为习惯的养成	

附录 C　工具箱目录

1. 时间管理工具：四象限法、番茄钟工作法
2. 学习力提升工具：艾宾浩斯遗忘曲线，学习金字塔
3. 对事不对人的沟通工具：BIC
4. 提升团队效率工具：RACI
5. 管理者清单

时间管理工具：四象限法

● **工具使用背景**

不能管理时间，便什么都不能管理，管理时间其实是自我管理。很多人平常都在抱怨的时间不够用，其实并没有所谓'时间太多'或'时间不够'的情形所在。一天就是 24 个小时，不多也不少。所谓时间太少，只是表示在这段时间里要做的事情太多，以致想在这段时间完成是不可能的而已。因此掌握科学的时间管理工具，能够帮助创业者高效利用时间，提升自我的管理能力和领导能力。

● **工具内容**

四象限法是史蒂芬·柯维在《高效能人士的 7 个习惯》中提出的一个时间管理方法。四象限法以事件的重要性和紧迫性作为维度形成一个矩阵，如附图 C-1 所示。

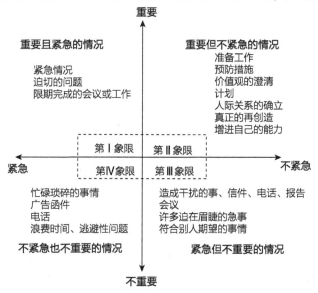

附图 C-1　时间管理四象限

从附图 C-1 中可以看到一些我们生活和工作中的事物分布于其中。对于创业者而言，很多时候我们将精力放在第一象限，处理大量紧急又重要的事情。偏重第一象限的结果是：创业者整天处于紧张和焦虑的高压下，筋疲力尽，被危机牵着鼻子走，忙于收拾残局。

如果将大量的时间放在第三和第四象限事务上，我们可以说他们无法在事业上取得很大的成就。

而第二象限的事务，人人都知道这些事情很重要，却因尚未迫在眉睫，反而避重就轻。因此，创业者需要很清晰地确定自己的第二类事务，而且立即执行，可以事半功倍。这在时间管理领域被称之为帕雷托原则——以 20% 的活动取得 80% 的成果。

• **工具使用方法**

用好四象限法，我们可以将时间进行更合理的分配，附图 C-2 中的分配可作为参考。

②	①
到期的重要任务	未到期的重要任务
立刻做	计划做、提早做、用心做
占20%~25%	占65%~80%
③	④
临时突发的不重要任务	娱乐、休闲、不紧急的琐事
尽量少做（不做或交给别人；如不得不做，就要尽快做完）	适可而止、调节着做
15%	<1%

附图 C-2 高效能人士的时间安排

如何减少其他三个象限的事务呢？有以下几条建议：

1. 勇敢说不。人各有志，各有优先要务。必要时，应该不卑不亢地拒绝别人，在急迫与重要之间，知道取舍。

2. 善于授权。学会进行责任型授权，双方达成预期成果，制定指导方针，协调可用资源，明确责任归属，明确奖赏。

3. 建立要事第一的思维。从重要性而不是紧迫性来看待和观察一切事务。

时间管理工具：番茄钟工作法

• **工具使用背景**

有专业的统计数据指出，"人们一般每 8 分钟会收到 1 次打扰，每小时大约 7 次，或者说每天 50~60 次。平均每次打扰大约 5 分钟，总共每天大约 4 小时，也就是约 50% 的工作时间（按每日工作 8 小时计）。在所有的打扰中，80%（约 3 小时）的打扰是没有意义或者极少有价值的。同时，人被打扰后重拾起原来的思路平均需要 3 分钟，总共每天大约就是 2.5 小时。根据以上的统计数据，可以发现，每天因打扰而产生的时间损失约为 5.5 小时，按 8 小时工作制算，这占了工作时间的 68.7%。"

如何防止"时光大盗"出现呢？如何防止自己心猿意马呢？弗朗西斯科·西里洛在 1992 年创立了番茄工作法。他总是无法静心专注于自己的学习，"于是我和自己打赌，下猛药，狠狠鄙视自己说：'我能学习一会儿吗？——真正地学上 10 分钟？'我得找个计时教练，谁来替我掐表呢？后来我找到了，是一枚厨房定时器，形状好像'番茄'。就这样，我邂逅了我的番茄钟。"

● **工具内容**

番茄钟的原理是根据人的注意力集中时间，选定 25 分钟作为一个时间段来集中处理重要事务。在这 25 分钟中摒弃一切干扰，全神贯注，全力以赴。在一个工作时段完成之后，可做短暂的休整，再进入下一个工作时段，如附图 C-3 所示。

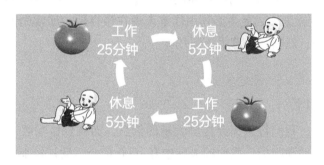

附图 C-3　番茄工作法

● **工具使用方法**

1. 列清单。首先列出今天需要完成的事项，并按照重要程度排序。注意，这个排序需要结合四象限法来进行，建立要事第一的思维方式。

2. 强执行。做好排序之后，就从最重要的事项开始执行。在这个过程中，尽量排除一切干扰，手机电话暂时不接，微信暂时不回，如有突发灵感可以先记在纸上，全力以赴，高度集中地利用这 25 分钟。

3. 劳逸结合。在第一个番茄钟执行完毕之后，可以放松休息下，并将之前未能处理的事情尽快进行处理，如回复电话、微信等。

4. 因地制宜。可以根据自己的工作情况和状态进行适时的调整。例如，现在完整时间不多，状态不佳，那么可以将 25 分钟的番茄钟缩短为 15 分钟的小番茄钟。如果现在要执行一件大事，且有整块的时间，那也可以将 25 分钟的番茄钟延长为 40 分钟的大番茄钟。

如果总是遇到一些"外力"干扰该怎么办呢？这里有"老司机"的抗干扰法供大家参考：

首先，做好"上车"准备。提前把各种小事情先处理掉，免得后面添麻烦，如喝水、吃点心、上厕所、拿资料等。

其次，屏蔽电子干扰，专心"开车"。每天可以用 3 个固定时段，如早、中、晚，集中处理各种电子消息，其他时间屏蔽消息提醒，这样既能让自己更专注，还能提高消息处理的效率，一次性处理 20 份邮件和分 20 次处理，哪个更快则显而易见。

最后，也是最关键的一步，如果"加塞车"已经摆在你面前时，该怎么处理？这种情况下，可以用 4D 法协调"加塞车辆"。

第 1 个 D，Delete 删除。经双方信息交换，发现插队任务可以不用做，那就删掉它，如上网去买个零食，这类非刚需非紧急的事情。

第 2 个 D，Delegate 给合适的人做。弄清需求后，你判断此事不是非要自己做不可，可以根据猴子法则，把问题——也就是"猴子"，交给合适的人去运送。

第 3 个 D，Delay 推后做。此事必须要你做，但不是"马上"就得做，将其记在你的"四象限清单"里，并告知对方大概的处理时间。

第 4 个 D，Do 立刻做。此事必须由你本人现在亲自做，那就先记下当前工作的状态，方便后续接回，然后马上着手该新任务。

学习力提升工具：艾宾浩斯遗忘曲线

● 工具使用背景：

在信息化社会，我们每天都会接触大量的信息，而我们也需要对很多的信息在大脑中进行学习、存储和归类。我们的大脑中有 1000 亿个活动神经细胞，每一个神经细胞上生长着 2 万个连接点。而每个神经细胞作不同连接的可能数目也许比宇宙中的原子数目还要多。如果发挥我们大脑储存能力的 10%，就可以轻松地储存大英图书馆的全部藏书。

● 工具内容：

德国心理学家艾宾浩斯研究发现，遗忘在学习之后立即开始，而且遗忘的进程并不是均匀的。最初遗忘速度很快，以后逐渐缓慢。他根据他的实验结果绘制成描述遗忘进程的曲线，即著名的艾宾浩斯遗忘曲线，如附图 C-4 所示。

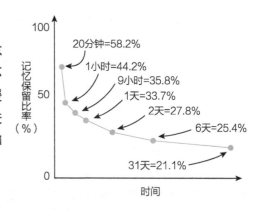

附图 C-4　艾宾浩斯遗忘曲线

● 工具使用方法

根据附图 C-4 所示的艾宾浩斯遗忘曲线，可以对我们所学习的知识进行有针对性、有规律的复习和巩固，从而达到对知识的内化记忆。附图 C-5 为艾宾浩斯遗忘曲线复习计划表，可以将我们每天所需要学习和掌握的知识进行模块化标序，然后根据艾宾浩斯曲线遗忘曲线，每天学习新知识的同时，复习和巩固旧知识。

序号	学习日期	学习内容	短期记忆复习周期			长期记忆复习周期（复习后打钩）							
			5分钟	30分钟	12小时	1天	2天	4天	7天	15天	1个月	3个月	6个月
1	月　日		1	1	1	—	—	—	—	—	—	—	—
2	月　日		2	2	2	1	—	—	—	—	—	—	—
3	月　日		3	3	3	2	1	—	—	—	—	—	—
4	月　日		4	4	4	3	2	—	—	—	—	—	—
5	月　日		5	5	5	4	3	1	—	—	—	—	—
6	月　日		6	6	6	5	4	2	—	—	—	—	—
7	月　日		7	7	7	6	5	3	—	—	—	—	—
8	月　日		8	8	8	7	6	4	1	—	—	—	—
9	月　日		9	9	9	8	7	5	2	—	—	—	—
10	月　日		10	10	10	9	8	6	3	—	—	—	—
11	月　日		11	11	11	10	9	7	4	—	—	—	—
12	月　日		12	12	12	11	10	8	5	—	—	—	—
13	月　日		13	13	13	12	11	9	6	—	—	—	—
14	月　日		14	14	14	13	12	10	7	—	—	—	—
15	月　日		15	15	15	14	13	11	8	—	—	—	—

附图 C-5　艾宾浩斯遗忘曲线复习计划表

学习力提升工具：学习金字塔

● 工具使用背景：

学习金字塔是美国缅因州的国家训练实验室研究成果，它用数字形式形象显示了采用不同的学习方式，学习者在两周以后还能记住内容（平均学习保持率）的多少。它是由美国学者、著名的学习专家爱德加·戴尔在1946年首先发现并提出的。当我们掌握和运用更高效的学习方式，将帮助我们更快地提升。

● 工具内容：

在塔尖，第一种学习方式是"听讲"，也就是老师在上面说，学生在下面听，这种我们最熟悉、最常用的方式，学习效果却是最低的，两周以后学习的内容只能留下5%。

第二种学习方式是"阅读"，通过"阅读"方式学到的内容，可以保留10%。

第三种学习方式是"视听"，用"声音、图片"的方式学习，可以达到20%。

第四种学习方式是"演示"，采用这种学习方式，可以记住30%。

第五种学习方式是"讨论"，可以记住50%的内容。

第六种学习方式是"实践"，通过"做中学"或"实际演练"，可以达到75%。

最后一种在金字塔基座位置的学习方式，是"教授给他"或者"马上应用"，可以记住90%的学习内容。

附图 C-6　学习金字塔

- **工具使用方法**

从附图 C-6 中不难看出，学习效果在30%以下的几种传统方式，都是个人学习或被动学习；而学习效果在50%以上的，都是团队学习、主动学习和参与式学习。这对我们的启发如下：

1. 抱团取暖。与志趣相同的伙伴一起结伴学习，彼此互相交流和讨论，会产生观点的碰撞，同时对自己在学习过程中产生的"盲点"也有有益补充。

2. 好为人师。所谓"好为人师"就是多去分享，甚至教授他人。在这个分享的过程中是对知识的内化和梳理，变成自己能够吸收的养分。

3. 躬身入局。对于一些理论性比较强的内容，一定要在实践中去运用，从理性转化为感性，再重新上升为理性，将对学习的内容产生更深刻的理解。手脑并用，左右脑协同，将会产生更理想的学习效果。

对事不对人的沟通工具：BIC

- **工具使用背景：**

在工作中，我们需要及时对员工的工作和表现进行反馈。反馈可以简单分为正面反馈和负面反馈。员工做对了事，我们给他反馈，这是正面反馈；员工出现了失误，我们给予批评和指正，这是负面反馈。学会反馈，员工更有干劲，团队也会更加和谐。在做负面反馈时，最重要的是要做到"对事不对人"，但是这很难真正做到。

- **工具内容：**

BIC 工具就是为解决这一问题的工具。B 代表 Behavior（行为），I 代表 Impact（影响），C 代表 Consequence（后果）。

● 工具使用方法

B：谈及对方行为的时候，要说事实而不是说观点。例如，员工经常迟到，找对方谈话，不能说"你又迟到了吧"，而应该说"九点上班，你是九点十分才到吧"，这样就可以避免预设对方是不负责任的员工，构建谈话的基础，让对方更容易听进去。

I：这部分需要谈及影响，这种影响是短期的、局部的，例如，员工没有按时完成任务，导致项目延期，整个团队受到了损失，要一起加班。谈及这一部分可以警醒员工之后注意。

C：后果指的是长期后果，比第二部分的影响更为深远。在这一部分里需要注意的是，不能只谈公司（团队）的深远影响，而要尽量和员工本人的长期发展挂钩，让对方清楚这些失误、错漏关系到他自身的核心利益。只有这样才能真正引起对方的重视。

BIC 工具需要反复练习，从一点一滴开始，持续进步。BIC 工具也不只适用于团队管理，也可以用在家庭领域，用来教导孩子。使用好 BIC 工具，才能实现真正有效的反馈，真正提升领导力。

提升团队效率工具：RACI

● 工具使用背景：

在工作中，我们时常会碰到一类问题，一个已经通过会议制订下来的计划和任务在经过若干时间之后不了了之。管理者最后也不知道到底是谁具体负责了这项任务，更无从知晓这件事最后的结果如何、效果如何、如何向下继续进行，而且在这个过程中团队成员之间也缺乏协作。

● 工具内容：

"RACI"是这种工具的英文名单词的首字母组合，分别代表着在执行任务过程中的 4 种不同角色，见附表 C-1。

附表 C-1　RACI 内容

角色	确定任务和职责
R	实施行动并对任务负责
A	任务的最终负责人
C	对任务的执行提供信息
I	时时跟进任务的发展速度

"R"代表责任（Responsible），是指在做事的时候具体执行任务的人。他要负责计划的具体执行，同时对这件事情的结果负责。

"A"代表负责（Accountable），但与"R"不同的是，他不是真正去执行这件事情的人，但他需要对最终的结果负责。例如，一个销售团队里面的销售代表会负责跟客户沟通，洽谈商务合作，所以他的角色就是"R"，因为他亲自做这件事，又需要对这件事负责任。而销售代表的上一级销售经理和销售主管的角色就是"A"，因为他们需要对整个销售业绩负最终的责任，这就是两个角色的区别。

"C"代表被咨询（Consultant），就是顾问的角色。我们在做一件事情的过程中，会咨询一些专业人士，以获取一些信息。例如，在做某件事情的时候要去咨询一下财务部门，这时候财务部门就是"C"的角色。"C"角色有义务为团队的执行提供意见和相关信息。

"I"代表被告知（Inform），具体是指在任务进行的过程中，这个角色需要知道任务执行的进度和进展。例如，一项正在进行的计划中，销售部在执行一个任务，但他们需要及时把工作的进展告诉市场部的同事，市场部就是"I"的角色。

● 工具使用方法

我们所有的工作任务都可以用 RACI 来分配角色，可以把它做成一个矩阵或表格，在这个矩阵或表格上就可以获得相关的信息。

横向维度

例如，我们刚做完一个工作任务的布置和分配，在左侧列一个工作任务，右侧列出不同的人和不同的角色定位，他们分别是"R""A""C""I"。当我们列完之后，横向检查一下每个任务的角色。如果在一个任务的内容中，看到了有两个"A"的角色，那就要重新安排一下任务。因为当一件事情有两个人负责的时候，这件事情很大程度上会出现问题。所以必须要调整分配，调整到只有一个人对这件事最终负责。对于"R"角色也是这样，在回顾、审查角色的时候，如果发现一件事情有两个"R"角色在执行，那很可能两个人都不清楚自己是不是该执行这个任务。

总之，一个任务就只能有一个"A"和一个"R"，确保所有人都清楚责任人和负责人。但同一个任务的"C"和"I"是可以有多人承担的。

纵向维度

第二个重要原则就是当我们将很多任务累加的时候，每个人身上都体现了他在不同任务里的角色。从纵向的角度看，如果一个人同时担任很多"A"和"R"的角色，这个时候就要考虑一下他的承受能力了。这也表明公司或者团队的能力结构是有问题的，团队有必要再补充有相关能力的人员来分担这个人的压力。

"RACI"这个工具的好处在于，它不单单是简单地分配工作任务。通过分配的任务，我们可以检查整个团队的结构合理性，可以看到团队在发展的过程中存在的一些潜在风险。在刚开始使用这个工具还不熟练的时候，可以通过画图或者表格的方式标注每个人的角色，见附表 C-2。

附表 C - 2　RACI 任务矩阵

任务	角色			
	小王	小李	小赵	小黄
任务 1	R	A	I	I
任务 2	R	A	C	I
任务 3	C	I	R	A
任务 4	A	C	C	R
任务 5	A	R	I	C

管理者清单

- 工具使用背景：

我们学习了很多理论，并掌握了一些组建和管理团队的工具。但是一个真正的领导者、管理者，需要有全局观念，能够运筹帷幄。管理者清单就是一个结构性的图谱，从系统的角度列出一名管理者需要做的事情。

- 工具内容：

管理者清单将管理者工作分为四个类别，分别是：

第一类：目标建立与对目标执行的控制。

第二类：运营系统的搭建和优化。

第三类：团队的领导和激励。

第四类：对于自我的管理。

管理者清单详见附表 C - 3。

附表 C - 3　管理者清单

建立目标和控制	优化运营系统	领导和激励团队	管理自我
● 共识团队使命和愿景 群策群力团队使命和愿景 持续沟通团队使命和愿景 ● 建立团队目标系统 确定团队业务策略 制订目标、计划和预算 明确团队成员职责 ● 确定成员绩效承诺 确定绩效目标和优先级 举行目标设定会议并获得承诺	● 确定团队构架 确定团队组织架构 定义岗位 制订人力资源计划 持续优化 ● 优化团队流程 建立团队流程模型 定期评估和持续优化	● 招聘和留住员工 招聘合适的员工 激励员工 保留员工 ● 发展和辅导员工 制订员工发展计划 持续给予反馈和辅导 定期评估发展进展	● 提升自我觉察 持续总结和反思自我 强化情绪管理 获取他人反馈 ● 持续自我进步 持续学习 发挥自我的卓越性 优化时间管理 提升沟通能力

（续）

建立目标和控制	优化运营系统	领导和激励团队	管理自我
● 建立控制系统 确定团队运行日历 发布团队状态报告 运行团队运营会议	● 共识团队行为规范 确定团队行为规范 沟通并持续追踪 持续优化	● 优化团队氛围 持续优化团队成员行为方式 邀请员工参与决策 定期分享信息 建立团队仪式感	● 以身作则 践行组织的价值观 践行团队行为规范

● **工具使用方法**

管理者将这个清单当作日常工作的一部分，时常检查自己有没有做这些事情，什么地方有遗漏，什么地方需要改进和优化。一日三省，时时自勉，假以时日，就可以成为一个优秀的管理者。

参考文献

[1] 陈春花. 从理念到行为习惯：企业文化管理［M］. 北京：机械工业出版社，2016.

[2] 迪尔. 企业文化：企业生活中的礼仪与仪式［M］. 李原，孙健敏，译. 北京：中国人民大学出版社，2015.

[3] 陈春花. 共生：未来企业组织进化路径［M］. 北京：中信出版社，2018.

[4] 陈春花. 企业文化［M］. 北京：机械工业出版社，2017.

[5] 蒂蒙斯，斯皮内利. 创业学［M］. 周伟民，吕长春，译. 北京：人民邮电出版社，2005.

[6] 克雷纳. 管理百年［M］. 邱琼，钟秀斌，译. 海口：海南出版社，2003.

[7] 小米生态链谷仓学院. 小米生态链战地笔记［M］. 北京：中信出版社，2017.

[8] 内克. 如何教创业：基于实践的百森教学法［M］. 薛红志，等译. 北京：机械工业出版社，2015.

[9] 陈向东. 做最好的创业团队［M］. 北京：中信出版社，2016.

[10] 汉迪. 管理的众神［M］. 崔姜薇，译. 北京：东方出版社，2017.

[11] 汉迪. 非理性的时代：工作与生活的未来［M］. 方海萍，译. 杭州：浙江人民出版社，2012.

[12] 德鲁克. 卓有成效的管理者［M］. 许是祥，译. 北京：机械工业出版社，2005.

[13] 德鲁克. 管理的实践［M］. 齐若兰，译. 北京：机械工业出版社，2006.

[14] 倪云华. 如何打造一流创业团队［M］. 北京：中国友谊出版社，2018.

[15] 樊登. 低风险创业［M］. 北京：人民邮电出版社，2019.

[16] 罗宾斯. 组织行为学［M］. 孙建敏. 李原，等译. 北京：人民大学出版社，2005.

[17] 麦克沙恩，格利诺. 组织行为学［M］. 井润田，王冰洁，赵卫东，译. 3 版. 北京：机械工业出版社，2007.

[18] 陈国权. 组织行为学［M］. 北京：清华大学出版社，2007.

[19] 俞文钊. 现代领导心理学［M］. 上海：上海教育出版社，2004.

[20] 薛声家，左小德. 管理运筹学［M］. 广州：暨南大学出版社，2005.

[21] 孙洪义. 创新创业基础［M］. 北京：机械工业出版社，2016.

[22] 胡礼新. 中小企业股权激励实操［M］. 北京：中国铁道出版社，2017.

[23] 王旭东. 企业人力资源管理［M］. 北京：法律出版社，2015.

[24] 柯维. 高效能人士的七个习惯［M］. 高新勇，王亦兵，葛雪蕾，译. 北京：中国青年出版社，2018.

[25] 惠特默. 高绩效教练［M］. 林菲，徐中，译. 北京：机械工业出版社，2013.

[26] 佩勒林. 4D 卓越团队：美国宇航局的管理法则［M］. 李雪柏，译. 北京：中华工商联合出版社，2014.